HERBAL ASTROLOGY

星が導き出す
ハーバルアストロロジー

岸 延江

はじめに

　はるか昔から、人類は日の出と日の入りで一日をはかり、月の満ち欠けで時・暦をはかり、目に見える天体の運行で季節の移り変わりをはかってきました。

　人類の存続に、この測る、計る、図るそして謀るということは、形式的に多少の差はあっても世界各地で行われてきた史実が数多く残されています。

「As above so below」

　占星術の生まれた世界観には、天空において起こることは、地上で起こることにも関連があるということがいわれてきました。

　私たちが何気なく口にしている食物も、衣服として纏う衣服も、目を楽しませてくれる植物も、良いと感じる香りも、楽しいと感じる音も、実はこのロジックのなかに織り込まれ、私たちの周りに存在しているのです。人類の生き延びの法則、誕生し病気になったり死滅し排除されたり何度となく淘汰を繰り返し、今の私たちとして存在しているのです。

　私たちの営みの傍にはいつも植物がありました。

　食べ物として、薬として、または姿形や色で癒してくれたり、香りを届けてくれたり身近な存在である植物たち。

　それぞれの天体は私たちに大地の恵みをきちんと受け取れるように仲介してくれているのです。

　本書では古代から17世紀まで行われてきた伝統占星術のなかの一つの分野、医療占星術をベースに各症状を和らげる働きのあるハーブと精油を中心に、現代の日本でも比較的手に入りやすいハーブや精油、野菜などの植物を取り上げています。

　自然界のパワーをより有効的に取り入れ、活用するためにハーバルアストロロジーの世界を一緒にのぞいてみませんか？

Contents

はじめに　　　　　　　　　　　　　　　　　　　　　3

Ⅰ　ハーバルアストロロジーを始める前に知っておきたいこと　9
　1　ハーバルアストロロジーの起源と歴史　　　　　10
　　　はじまり　　　　　　　　　　　　　　　　　10
　　　古代ギリシャ　　　　　　　　　　　　　　　11
　　　中世〜ルネッサンス前期　　　　　　　　　　14
　　　ルネッサンス期〜17世紀　　　　　　　　　　15
　　　現　在　　　　　　　　　　　　　　　　　　18
　　　占星術のロジック　　　　　　　　　　　　　20
　　　メディカルアストロロジーからハーバルアストロロジーへ　24
　2　ハーバルアストロロジーの今　　　　　　　　25
　3　アロマセラピーとは　　　　　　　　　　　　29
　4　ハーブとアロマの使い方　　　　　　　　　　32
　　　ハーブの使い方　　　　　　　　　　　　　　32
　　　ベジタブルオイルとは　　　　　　　　　　　34
　　　精油の使い方　　　　　　　　　　　　　　　37

Ⅱ　これだけは覚えておきたい西洋占星術の基礎知識　41
　1　12サイン（星座）　　　　　　　　　　　　　42
　　　牡羊座……………………42
　　　牡牛座……………………42
　　　双子座……………………43
　　　蟹　座……………………43
　　　獅子座……………………44
　　　乙女座……………………44
　　　天秤座……………………45
　　　蠍　座……………………45
　　　射手座……………………46
　　　山羊座……………………46
　　　水瓶座……………………47
　　　魚　座……………………47

	2	10天体	48
		太陽……………48	
		月………………50	
		水星……………52	
		金星……………54	
		火星……………56	
		木星……………58	
		土星……………60	
		トランスサタニアン……62	
		天王星…………62	
		海王星…………63	
		冥王星…………63	
	3	4体液質	64

Ⅲ	ハーブと精油が持つエネルギーを覚えよう		69
	1	7天体が司るハーブと精油	70
	2	7天体×12サインで見る対応ハーブと精油	71
		牡羊座…………72	
		牡牛座…………74	
		双子座…………76	
		蟹　座…………78	
		獅子座…………80	
		乙女座…………82	
		天秤座…………84	
		蠍　座…………86	
		射手座…………88	
		山羊座…………90	
		水瓶座…………92	
		魚　座…………94	
	3	入門者からマニアまで幅広くオススメしたいハーブと精油55	96
		アイブライト…………97	
		アロエ…………98	
		アンジェリカ…………99	
		ヴァーベイン……………100	

- ヴェチバー……………………101
- オレガノ………………………102
- ガーリック……………………103
- カモミールジャーマン………104
- カモミールローマン…………105
- キャベツ………………………106
- キャラウェイ…………………107
- クミン…………………………108
- クラリセージ…………………109
- クロモジ………………………110
- コリアンダー…………………111
- サイプレス……………………112
- サフラン………………………113
- サンダルウッド………………114
- シェパーズ パース…………115
- シナモン………………………116
- ジャスミン……………………117
- ジュニパーベリー……………118
- ジンジャー……………………119
- スィートオレンジ……………120
- セージ…………………………121
- ゼラニウム……………………122
- タイム…………………………123
- タラゴン………………………124
- ダンディライオン……………125
- チィックウィード……………126
- ネトル…………………………127
- ネロリ…………………………128
- パイン…………………………129
- バジル…………………………130
- パセリ…………………………131
- パチュリー……………………132
- パルマローザ…………………133
- フィーバーフュー……………134

フェンネル……………………135
ブラックペッパー……………136
フランキンセンス……………137
ペパーミント…………………138
ホップ…………………………139
マージョラム…………………140
マートル………………………141
マンダリン……………………142
メリッサ………………………143
ヤロウ…………………………144
ユーカリ………………………145
ユズ……………………………146
ラヴェンダー…………………147
リンデン………………………148
レモン…………………………149
ローズ…………………………150
ローズマリー…………………151

Ⅳ　ハーバルアストロロジーケーススタディ　　　153
　1　チャートで何がわかるのか　　　154
　2　チャートのどこを見ればよいか　　　156
　　　出生図は、まずどこを見るか？　　　156
　　　太陽星座を見るときのポイント　　　157
　　　月星座を見るときのポイント　　　159
　　　アセンダントを見るときのポイント　　　161
　　　まとめ　　　162
　3　ケーススタディ　　　164
　　　恋愛「どうしたらステキな異性と出会えるのでしょうか？」　　　164
　　　結婚「相手が結婚の話になると逃げてしまいます」　　　167
　　　人間関係「周囲から孤立してしまいます」　　　170
　　　健康「出産後、うつ気味になってしまいました」　　　173
　　　仕事「転職しても大丈夫でしょうか？」　　　177
　　　金運「出資話が来ましたが乗っても大丈夫でしょうか？」　　　180
　4　医療占星術とは　　　184

V　ブレンドの面白さを体験しよう	189
1　12サイン別オススメブレンド一覧	190
2　恋愛力をUPさせたいあなたに贈るオススメブレンド	194
恋愛力をUPさせるために必要なハーブと精油	194
12サイン別恋愛の傾向と対策	197
恋愛力UPのオススメブレンド＜女性編＞	201
恋愛力UPのオススメブレンド＜男性編＞	207

コラム1　「天体のメッセージを手軽に応用する（キッチンハーブ）①」	40
「天体のメッセージを手軽に応用する（キッチンハーブ）②」	67
コラム2　「天体のメッセージを手軽に応用する（食事編）」	68
コラム3　「天体のメッセージを手軽に応用する（月の満ち欠け）」	152
コラム4　「ブレンドオイルを作ったときの注意事項」	213
コラム5　「ガレノスとカルペパー」	214

参考文献	216
ワークシート	217
おわりに	218
著者紹介	220

I

ハーバルアストロロジーを始める前に
知っておきたいこと

1 HISTORY
ハーバルアストロロジーの起源と歴史

はじまり

**星を読む歴史がその後の文化の礎となり
ストーンヘンジなどが現在にも残る**

　ビックバンが起こり、この太陽系に地球が誕生し、やがて数々の変遷を乗り超え、地球上に植物や動物が生きられる環境が整えられたころ、人類は誕生したといわれています。

　人類はこの地球上に誕生して以来、生き延びるため、そして繁栄するために試行錯誤しつつ今日まで絶えることなく生き続けてきました。その間には多くの犠牲もありましたが、人が人として生きる間には絶えず多くの種類の植物のサポートがあったことは皆さんもよくご存じのことだと思います。食料として、薬として、または花や木はその形状や色、香りを伝え、いろいろな場面で人々の心を癒してきたことでしょう。

　ところで、星を読む歴史は、世界各地いたるところでその形跡が残っています。

　例えば、洞窟には仕留めた獲物の絵と共に天体の図柄や、天空を祭るような彩色の図柄、オブジェがいたるところで残されています。

　イギリスのストーンヘンジなどもその一つで、きちんと時代的なこと

などが解明されておらず「謎」多き遺跡となっています。しかし、天体を観測して何かのことに使っていたというのは間違いないでしょう。

　文字の文化によって資料として残されている最初のものはバビロニアだといわれています。この時代、科学や数学などをはじめ多くの今に伝わる文化が形成されてきました。天文学も著しく発達し記録されていたようです。この天体の公転周期をきちんと測れるということは、多くの計測する技術・文化の土台となっているのです。

古代ギリシャ

人が体調を崩すのは
神の怒りに触れたからと考えられていた

　紀元前後のギリシャでは、人々は「体調を崩す」ということや「病気になる」ということは神の教えに背いてしまった、または、神の怒りを買ってしまったということにほかならないという考えを持っていたようです。そのため、当時は病気を治して健康になるためには神のお告げに従ったり、シャーマン的治療をするという方法が一般的でした。

　今のギリシャ、アドリア海に浮かぶコス島には医学神のアスクレピオスが祭られています。このアスクレピオスの娘たちの名前が現代にも医療用語として残されています。セラピア（セラピーの意味）などは彼の娘の名前だといわれています。2匹の蛇がからみついた「アスクレピオスの杖」をご存じの人も多いと思います。

　このころの医療は、天空の動きを見て神の啓示を受けるという方法が一般的であったということです。コス島はトルコ・イスタンブールに近い所に位置しています。イスタンブールはシルクロードの出発点のた

め西の文化と東の文化の交流点となり、いろいろな文化が刺激を受けあい、新しいものを誕生させてきました。

　当時、人およびモノは四つの元素、つまり火・地・風・水の元素でできていることを提唱した哲学者がいました。今のイタリア・シチリア（当時はギリシャ領）に生まれたエンペドクルスです。それまでの考えでは、人や生物などは大地から生まれるという理論がありました（『創世記』より）。この理論は今から300年前くらい前までは通説だったということです。そのため、「大地の母」とインド・ヨーロッパ語族の言葉ではほぼ女性名詞で語られるのでしょう。

　また、コス島で生まれた医師にヒポクラテス（BC460〜375）がいます。医学の祖を築いた人物です。ヒポクラテスはデータを分析し数々の治療法を編み出しました。例えば、食べたもので人は作られるということで食事療法にも積極的だったといいます。マッサージは健康につながるということも提唱していました。

ガレノスが提唱した4体液質理論は
後に錬金術とも結びつくことになる

　ヒポクラテスの継承者であるガレノス（AC129〜199）もまた病気の人をこと細かく診断し、多くの貴重なデータを残しました。神の啓示で、巫女とのセッションで病気を治療するという行為に疑問を持ちつつ、いろいろな治療法を編み出した人です。

　ガレノスの時代には人の健康と病気の見分けに肝臓を見るということが一つの大きな論点でした。病に倒れた人の死後、解剖をしてその肝臓の状態を見ることで病変を決定し、記録に残していたといわれています。肝臓はとても重要で、占いにも使われていたという史実があります。戦の前に生きた動物を無差別に確保し、解剖し、その肝臓の状

態で吉凶を占っていたという物騒な話も伝わっています。

　このガレノスの理論が4体液質（64頁を参照）で、それ以前のエンペドクルスの4元素を踏まえ、四季折々のカテゴリー分けをし、人はこの四つのタイプの体質に分けられると提唱しました。そして四つのクオリティー（HOT／DRY／MOIST／COLD）のどれかが欠乏したり、過多になったときにその人は体調を崩すと提唱しました。

　その後この理論はアレクサンダー大王の遠征などにも時期が重なり、アラブ諸国に渡り、また医学と天文学がより深く結びつき、はては錬金術として科学が発達するに至ります。

　ちょうどこのころ、ヨーロッパでは中世の暗黒の時代といわれ、ペストが大流行していた時代でした。そのときも香りはペストを遠ざけるといわれ、香りの文化も発達したそうです。「4人の盗賊のオイル」というビネガーも珍重されました。これはペストが大流行の街で暗躍していた盗賊たちがある香りをつけて数々の悪事を重ねていましたが、ペストに感染・発病することなかったというのです。そのとき彼らがつけていた香料に何か薬効や秘密があるのではないかといわれ、「4人の盗賊のオイル」と名づけられ、売られていたそうです。

　当時、病気は水を媒介して運ばれるともいわれ、またヨーロッパの水は硬水なので人々の肌を傷めることもあり、ローマ時代から続いていた沐浴の習慣も下火になってしまったようです。日本の水（軟水）に慣れている私たちがヨーロッパ諸国へ行って入浴するとき、その違いを感じる方は多いのではないでしょうか。

中世〜ルネッサンス前期

病気の治療を行う者は「魔女」として異端扱いされていた

　中世になると、アラブからサレルノ（今のイタリア・ナポリ近く）に天文学と医学を中心に教える大学が創立されます。このあたりから医師や薬剤師は星の運行・天文学を正式に学ぶということは必須となってくるのです。

　『神曲』でおなじみのダンテ・アリギエリも実はハーバリストで、彼の生地にあるフィレンツェの博物館には彼が使っていたといわれる蒸留器（植物を蒸留して精油とハーブウォーターが抽出されます）が残されています。彼は政治家を志していた途中で薬剤師組合に入ったといいます。蒸留器があったということなのですが、前期ルネッサンス期にはある階級の人たちにとっては流行っていたという史実も残されています。ラテン語が読める階級の人にとっては、一種のステイタスであったのかもしれません。またこのころはハーブを育て、医療行為をするのはキリスト教会の範疇にありました。どの修道院にもハーブガーデンがあり、薬学の知識に富んだ聖職者が多くいたのも事実です。

　今のドイツのライン川のほとり、ビンゲンというところで生まれ、活躍した修道女ヒルデガルド・フォン・ビンゲンも多くの植物療法の文献を残しています。彼女は11世紀の人ですが、女性としてギリシャ時代以後初めて女性で賛美歌を作曲した人として、音楽学部の授業でも紹介される才媛です。彼女も当時の風習として天体の運行を加味しながら病に苦しむ人たちに薬草を処方していたといいます。

　そのほかにも星の運行を日常に取り入れ、日々の健康や病気の治療に役立てている人たちがいました。彼らは賢者として町はずれに住み、

多くの人の治療に当たっていました。

　しかし、彼らの行いは当時のキリスト教会では禁忌に当たるために迫害されていました。なかには火あぶりや水攻めなど拷問に近いものもあったそうです。彼（彼女）らは「魔女」や「ウイッチ」、「ウイッカ」と呼ばれていました。魔法を使うからということではなく、当時のキリスト教が全盛の世界観に反するということで異端として扱われていたのです。

ルネッサンス期〜17世紀

占星術のロジックを基にした文化が花開き
望遠鏡の進歩が次世代に大きく貢献

　その後登場したドイツのパラケルスス（AD1493〜1541）も、ヒポクラテスの医術に錬金術を融合させた治療法を提案していき、今に伝わる医療方法に一石を投じました。彼は病気になる原因として5タイプを挙げています。第一に天体の異変が起こす天体因。第二は毒で起こす病気。第三が自然因といって、人の老いなどから生ずる原因。第四は精神因といって、一種のストレスから発する心の病。第五が神因といわれ、世の中の風紀の乱れや人類のおごった考えや行動から発して病を誘発するというものです。

　ルネッサンス期、このころはケプラーやコペルニクスなど後世に名を残した多くの天文学者たちがいました。そしてこの時代、天文学と占星術はまだ同一視されていた時代でもありました。

　1609年、今のイタリア・フィレンツェで活躍していた天文学者ガリレオ・ガリレイが初めて望遠鏡で天空を見上げました。彼は金星に満ち欠けがあることの観測に成功し、その当時まで一般的だった地球の周

りを各天体が回っているのではなく、実は太陽の周りを地球含む各天体が一定の周期をもって運行しているという事実を突き止めました。しかし、当時は一神教であるキリスト教が広い地域で統治していたので、その考えは異端そのものであり、ガリレオは宗教裁判にまでかけられ、晩年は失った視力と共にさびしい日々を過ごしたといわれています。彼が視力を失ったのは星を観測し過ぎたためともいわれています。

しかしガリレオをはじめ、当時の天文学者はこぞって空を見上げ、多くの観察記録を残してくれたのです。日本にもガリレオが天空を望遠鏡でのぞいてわずか2〜3年後には日本にもこのスタイルの望遠鏡は伝えられました。こうして望遠鏡の発達が多くの進歩につながっていく礎になったということは、つまり科学の発達のスタートラインであり、ニュートンの時代へと続く最初の第一歩だったのかもしれません。

そして、ここフィレンツェをはじめとする北イタリアでは、占星術のロジックを基とした文化が花開きます。金融業で莫大な財産を成したメディチ家をはじめとするイタリア貴族がパトロンとなって建築や絵画、彫刻などで街を飾りはじめました。

その芸術の中核となったのが哲学者のマルシリオ・フィチーノです。彼はラテン語とギリシャ語を弟子たちに教え、そのなかでプラトンの哲学を教授しました。いわゆる「ネオプラトニズム」と呼ばれるもので、魂の在り方を説きました。彼の教えは多くの芸術家や貴族、市民にも支持されました。

多くの芸術作品（建築も含む）がフィレンツェをはじめとする北イタリアに残されています。教会の礼拝堂はもちろんのこと、占星術の基本をモチーフにしたたくさんの絵画や彫刻が残されているのです。特に有名なのはサンドロ・ボッティチェッリの『プリマヴェーラ』や『ヴィーナスの誕生』でしょう。そのほかにも多くの画家たちがアトリビュートといわれる形で多くのメッセージを残してくれています。ルネッサンスは

キリスト教社会においての人間復興と共に、占星術のロジックが生かされた時代でもあったのだと思われます。

ニコラス・カルペパーとウィリアム・リリーの本が
現在のハーバルアストロジーに多大な影響を与える

　17世紀のイギリスでは、ハーバリストで薬剤師でもあるにニコラス・カルペパーがロンドン薬局方の医薬書をラテン語から英語に訳し、一般の人でもハーブ療法が可能なように『コンプリートハーバル』という本など数冊を出版しました。このことが原因で彼は薬剤師組合からの追放を余儀なくされるのですが、時を同じくして、占星術師であるウィリアム・リリーが古代から伝わる占星術の文献をギリシャ語、アラビア語、ラテン語の本200〜300冊をベースに『クリスチャン・アストロロジー』という本を出版し、ベストセラーになったということです。

　それ以前は、いわゆる本は修道士の手により羊皮紙に写本という形で伝えられてきたものが、印刷技術の発明と発達で、一度にたくさんの本を出版することが可能になりました。多くの人により早く正確な情報が伝わるようになった変容の時期でもあったようです。現在のネット社会から思えば何ということもない現象ですが、当時の人にとっては情報伝達のスタイルが大きく変わった、時代の変革がなされたときでもあったと思います。

　なお、本書はこのカルペパーとリリーの残した文献がベースとなっています。

現在

天体ではなく科学的に診断・処方する現在
その反面、薬による副作用も現れる

　現在では、天文学・科学の発達が驚異的に進み、かつてのように天体の運行で薬草を選ぶということはなくなりました。病変に対して有効な成分を抽出し、または合成して医薬品ができるようになり、多くのそれまで助からなかった病気を克服できる時代が訪れています。解剖学も機材や道具の技術開発も進み、人体または病気の神秘や謎が解き明かされていく時代になっていきます。もともとは薬効植物の効能で出たデータを参考にして、化学技術の推移により医学・薬学の分野は驚異的な進歩が展開されていきます。

　その反面、その薬による害も出てくるようになりました。病変のあるところにアタックする医薬品は逆に問題のないところにも影響を及ぼし、思わぬ結果を招くということも少なくありません。そのなかで、今一度見直されたのが古くから民間で言い伝えられてきた民間療法でした。そのほとんどは薬効のある植物やハーブに託すものでした。医薬品はある病気に対する事柄に成分の決まったもので対応します。しかし、植物は育った場所や時期、気候によって成分は変化し、一定になることはまずありません。あいまいなのですが、そのあいまいさが一つのことに執着しないという柔軟な対応をしてくれる証しとなります。

　ドイツ語圏のある地域では「バイオダイナミック農法」と呼ばれる、月の運行で種を蒔いたり収穫したりする方法を実践している農園が少なくありません。その法則を活用すると、農薬や過度な化学肥料を使うことなく順調に植物が育ち、収穫できるということです。精油の抽出やハーブティーなどを作るガーデンのオーナーはこの方法で育てい

る人たちが少なくありません。

　痩せた土地に無理やり化学肥料を与えて肥沃な土地にしても良いものは育ちにくいと思いますし、その不自然な化学肥料の害はどう出るのでしょうか。また、虫をよけるために殺虫剤を散布すると、その後に摂取する人体への影響はどうなるのでしょうか。科学（化学）の発達が悪いのではなく、使い方がこれからの課題になると思いますし、これは人が生活する根本にも似ているのではないでしょうか。

あまりにも強い殺菌は良い菌も殺してしまう
すべてのハーモニーこそがこれからは求められる

　アロマセラピーも、化学薬品の発達の裏で起こる警鐘に対しての伝統治療の一環として再び注目を集めて、発達することになりました。

　食生活の在り方によるものかもしれませんが、体臭の強い欧州人たちの間では、香りの文化が日本のものとは違って発達してきました。狩猟民族であった彼らは衣類を皮などで作ることも多かったようです。獣の皮をなめすときに消臭する目的もあり、フランスのプロヴァンス地方は香料の産地として栄えました。今も多くの香水が人々の魅力を引き出すのに使われていますが、その香料は精油が基となっています。

　フランスの化学者モーリス・ガトフォッセが香料の研究室で実験中に火傷をおい、傍にあったラヴェンダーの精油を思わず患部にかけてしまいました。その後あまり悪化することなく回復したのをみて、精油には香りだけではなく、ほかにもっと効能があるのではないかと気づき、研究が本格的に始められたといわれています。各成分を分析した結果、多くの薬効効果を発見したということです。

　その後、精油は香りの基ということだけではなく、薬効もあることが認識され、塗布やマッサージに利用することでより効果的ではない

かと考えられ、どんどん取り入れられていきました。皮膚を通し精油は臓器にまで達し、その臓器のトラブルを改善するというところまで判明しました。また、香りも脳の大脳辺縁系というとても原始的な反応をする（好き嫌いの認識など）部分で大きく人の心は変容するということが研究され、現代に至っています。

　現在ではアロマセラピーはとても一般的になり、日本でも精油は入手しやすくなっています。今の日本では、治療目的に精油を使うことは医師の許可がないとできない現状です。しかし、香りによって多くの病気がさらに重くならない、または免疫力が向上するという大いなる効果があります。そのほとんどが抗菌効果のある精油が多いからでしょう。

　人は常に人体の内外に良い菌も悪い菌も持っているといわれます。ある種の菌は外から進入しようとする新型の強力な菌から体を守ってくれるといいます。ところが、殺菌作用の強い殺菌剤はこの常在している良い菌まで殺してしまうのです。精油はそれほどパワフルな殺菌作用はありません。人が生きるために程よい殺菌、抗菌効果を持っているのです。それが、ハーモニーを作るということではないでしょうか。宇宙と人と植物と動物のハーモニーが崩れてはみんなバランスが取りにくくなるのです。

占星術のロジック

3要素と4元素の組み合わせによる理論
「7」と「12」を特別な数として扱う

　天文学から生まれた占星術もその一つです。「占星術」と表記すると何やらまやかしのような雰囲気がありますが、これはれっきとした古代

の人から脈々と伝えられた叡智だと感じることが少なくありません。公転周期の決まった天体を利用して、人々はいろいろなことにそれを応用してきました。まずは人が生きていくために不可欠な食料を確保するために、天候を予測し季節を図るということを学び、農耕に生かしました。財を形成できるようになると、権力を有する者はその権力を保持または拡大するために天体のメッセージを利用していきました。古代から天体の運行は戦略を立てるためにも重要な手段でした。

ギリシャ時代になると人は「生きるため」という哲学的分野の思考に入っていきます。そのときに応用されたのがカルデアの文化であり、ギリシャ神話の神々たちでした。

カルデア（BC300～400年くらい）の時代に発達した数学的解釈は占星術のなかにも見ることができます。カルデアの人たちは「7」と「12」という数字を特別なものとして大事にしたそうです。

「7」は「3」と「4」に分けることができます。

「3」は「テトラゴーヌ」と呼ばれ、12の四分の一であり、3要素として活動、不動、柔軟という三つのカテゴリー分けをしました。三つの人間の行動様式や何事も始めと中間の栄えるころ、そして終焉と次の始まりという意味を持たせました。

「4」は「トリゴーヌ」と呼ばれ、12の三分の一であり、4元素のことで火・地・風・水を表します。火は始まりのエネルギーを、地は落ち着くことの大切さを、風は伝えることの重要性を、水は感じるということを重んじました。そのなかで友情と敵対感情、対立、吉の相を表しました。トリゴーヌの4元素同士は120度の関係にあり、お互いに助け合うソフトな関係性を保っています。

「3」と「4」を足すと7天体になり、「3」と「4」を掛けると12サイン（星座）へとリンクしていきます。「12」はシルクロードを通じて十二支の発想にもつながっていったのでしょう。物事には表と裏があって初めて

成立するという発想に至ります。

　12サインはそういった2区分、3要素、4元素によって細かく割り振られ、各サインからのメッセージを読み取りやすいようにキーワードが成立してきます。

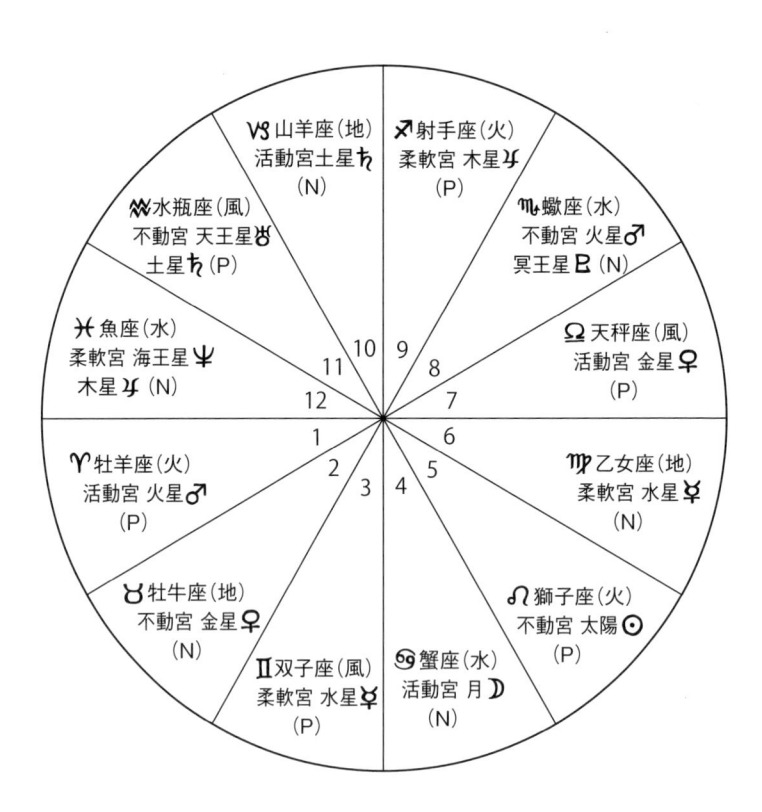

♈ 牡羊座(火)
活動宮 火星♂
(P)

♉ 牡牛座(地)
不動宮 金星♀
(N)

♊ 双子座(風)
柔軟宮 水星☿
(P)

♋ 蟹座(水)
活動宮 月☽
(N)

♌ 獅子座(火)
不動宮 太陽☉
(P)

♍ 乙女座(地)
柔軟宮 水星☿
(N)

♎ 天秤座(風)
活動宮 金星♀
(P)

♏ 蠍座(水)
不動宮 火星♂
冥王星♇ (N)

♐ 射手座(火)
柔軟宮 木星♃
(P)

♑ 山羊座(地)
活動宮 土星♄
(N)

♒ 水瓶座(風)
不動宮 天王星♅
土星♄ (P)

♓ 魚座(水)
柔軟宮 海王星♆
木星♃ (N)

星座	支配星	4元素	3要素	2区分	宮
♈ 牡羊座	♂ 火星	火	活動宮	P（ポジティブ）	1
♉ 牡牛座	♀ 金星	地	不動宮	N（ネガティブ）	2
♊ 双子座	☿ 水星	風	柔軟宮	P（ポジティブ）	3
♋ 蟹 座	☽ 月	水	活動宮	N（ネガティブ）	4
♌ 獅子座	☉ 太陽	火	不動宮	P（ポジティブ）	5
♍ 乙女座	☿ 水星	地	柔軟宮	N（ネガティブ）	6
♎ 天秤座	♀ 金星	風	活動宮	P（ポジティブ）	7
♏ 蠍 座	♇ 冥王星（火星）	水	不動宮	N（ネガティブ）	8
♐ 射手座	♃ 木星	火	柔軟宮	P（ポジティブ）	9
♑ 山羊座	♄ 土星	地	活動宮	N（ネガティブ）	10
♒ 水瓶座	♅ 天王星（土星）	風	不動宮	P（ポジティブ）	11
♓ 魚 座	♆ 海王星（木星）	水	柔軟宮	N（ネガティブ）	12

　表をご覧になるとおわかりのように、一つとして同じ分類はありません。この要素を踏まえて読み込んでいくと各星座の意味がわかりやすくなると思います。このロジックのなかから一人ひとりの、天体のメッセージを読み取っていきます。

　また、ハウス（宮）という今の活動範囲のメッセージを伝えてくれる場所があります。アセンダントから始まって1ハウスから12ハウスまであります。この考え方も紀元前からあり、そのころは12神殿として考えられていたようです。『アストロノミカ』を編纂したキリストと同年代に生きたマルクス・マニリウスもハウスの詩を書きつづっていますし、ギリシャ12神（男性神6・女神6）として今もその伝説は続いています。

メディカルアストロロジーからハーバルアストロロジーへ

ハーバルアストロロジーは
現代人の健康を守るための道具となる

　メディカルアストロロジーが占星術の発生と同じとするならば、ハーバルアストロロジーはその理論を踏まえた新しい現代人の健康を守る方法ではないかと思います。

　日本では薬事法と医師法という法律があり、医師の資格を持った人以外の治療は禁止されています。各国間で法律は違うため、本書は「メディカル」という言葉を避け、「ハーバル」という言葉で対応していきます。

　人は毎日を心身共に健康に過ごすことができれば何も問題はないのですが、そうはいきません。健康ではない場合に必要な植物の恩恵をタイミングよく受け取れるようになるために、その声が聞こえるように準備をしておくとよいのではないかと思います。

　便利さと引き換えに、私たちは自然を感じることが難しい状態になってしまいました。しかし天体は古代の人が生活してきたときとほぼ同じように現在も運行しています。私たち人類が置き忘れてきてしまったことや、この先人たちの素晴らしい知恵を今一度振り返ってみることが必要なのかもしれません。

2 PRESENT
ハーバルアストロロジーの今

医療占星術が行われていた当時と現在では
環境が大きく変わってしまっている

　アストロロジー（星読み）の方法には、現在いろいろな手法が伝えられ使われています。
　古くから伝わる吉凶を読むもの。
　心理的なことを推測する心理占星術。
　出来事があったときの状態を読み今後を予測するホラリー占星術。
　金融の動向を探る金融占星術。
　国家の行く末などを占うマンデン占星術。
　これらのなかにある一つの分野が医療占星術。この医療占星術（メディカルアストロロジー）をベースに考えられたのが、ハーバルアストロロジーです。
　医療占星術が盛んに行われていた古代から17世紀にかけての時代と、科学や医療の発達した現在とでは環境の変化など驚くべき違いがあります。
　第一に周囲の環境の変化があります。現在の私たちは24時間、明るいなかで仕事をする環境を手に入れられますし、せざるを得ない状況になっている人も少なくありません。ほんの数十年前までは世界とのつながりもこんなに密ではなかったはずです。科学技術の発達で人類の生活はとても便利になりました。昔はただ仰ぐだけの天体のある宇宙へも人類が行ける時代になりました。それも訓練に訓練を重ねた選

ばれた人が行けるだけではなく、おそらくそんなに遠い未来ではなく、ある程度の金額を出せば、普通の人でも宇宙に飛び立つことができそうな気配です。普段の生活に目を向けてみると、いろいろなものが安易に手に入る時代でもあります。世界各地の美味しい食材を流通の発達で簡単に手にすることができます。行きたいと思ったところにもわりと安易に行くこともできます。

その反面、さまざまな事柄も複雑になってきていることは確かです。もちろん、病気の原因になる菌の強度も医療占星術が行われていた時代とは比べものにはならないでしょう。流通経路が簡素化して良いものを取り入れるのも安易な反面、病原菌などもすぐに伝わりやすい状態になっています。2009年春に突如流行った新型インフルエンザなどはよい例でしょう。

洋の東西を問わず民間療法は伝えられている
自然の流れに逆らわず処方する

現代の医学・薬学の進歩は目を見張るものがありますが、ある医師から「治らない病気は減ってきた。しかし的確な処方を実際に行うのはとても難しい」と聞いたことがあります。

そして現実はあまりにも薬のパワーが強過ぎて、病変にアタックするのと同じようにほかの問題のないところにもアタックし、副作用が出てきてしまうケースも少なくありません。できれば医療機関に行かなくても回復できる体力作りが望ましいのですが、現在の毎日の状態ではなかなかうまくいかないのが現状かもしれませんし、便利になった生活と引き換えに逆に失ったものが多いのも現代に生きる人の環境かもしれません。

そんななか、伝統の医療が見直されています。いわゆる民間療法の

分野です。日本にも風邪を引いたときには「ネギ」がよいとか、転んで擦り傷を作ったときは「オオバコ」をこすって患部にすりこむとか、喉が痛いときには「生姜湯」を飲むとよいとか聞いたことがある人もいるかもしれません。

　また、古来から1月7日にはお正月の胃の疲れを整えるために「七草粥」を食べようとか、5月5日のこどもの日には「菖蒲湯」にして入浴するとか、汗疹ができてしまった肌には入浴時に「桃の葉」が症状を緩和してくれるとか、ちょっとした火傷には「アロエ」を塗布しようとか、また冬至の日には「ユズ湯」がオススメとか、私たちの生活のさまざまな場面で植物（ハーブ）の恩恵を受けているのを思い出す人もいるのではないでしょうか。

　西洋でも同じように伝統医療の言い伝えはたくさん継承されています。時には同じ療法に出合うこともあります。例えば、ドイツでもちょっとした切り傷に「オオバコ」が使われているそうです。

　西欧ではほとんどの場合、医療は教会の管轄でした。教会がクリニックであり、薬局でした。多くのハーブを教会内で育てて処方をしていました。しかしこれはメジャーな病気の場合で、人知れず処理をしたい場合、または治療費の払えない貧しい人などは、街のはずれに住む賢者（多くは魔女）と呼ばれた、薬学・病理学の知識のある人が行っていました。彼らはみな自然と同化して生活していました。

　自然と同化するということは、自然の動きに逆らわない、その情報を天体の運行によって知るということです。魔女と呼ばれる人たちも、星を読むことができる人たちでした。当時の医師や薬剤師たちが天体の運行を読んで病気の診断や治療法を決めていたのと同じようにです。

まずは身近な月を眺めることが
天体からのメッセージを受け取る第一歩となる

　私たちの生活は便利で明るい生活ですが、残念ながら天体観測をするには条件が悪過ぎる環境の人がほとんどでしょう。街中は明る過ぎて星はあまり見ることができません。月の満ち欠けが確認できるというところでしょう。天体観測のできるところに引っ越そうと思っても、仕事の関係や学校の関係で、安易に場所を変えることは至難のことです。

　しかし、まずは月の満ち欠けを確認するためにでも空を見上げてみてはどうでしょうか。意識するだけで、月のサイクルを感じることができるでしょうし、もうちょっと余裕ができたら、天体の運行を感じるアンテナを鍛えていきましょう。そうすると「何を」「いつ」したらよいのかメッセージを受け取れる力がついてくるはずです。天体たちは早くそのメッセージに気づいてくれないかとウズウズしているはずです。

　それぞれの天体や星座には親和性のあるものがあります。実は皆さんが日常的に食べている野菜や果物もハーブの一種です。アロマセラピーで使われる精油も香りの作用のほかに、スキンケア効果や鎮痛効果があるものもありますので、実際の体調不良などにも使っていただくことができます。ただし、ハーブといえどももともとは薬の原料なので禁忌（やってはいけないこと）があるものもあります。せっかく良いと思って選んで使ったハーブや精油でトラブルを誘発しては元も子もないので、そのあたりは正しい使い方をしてください。

　天体のメッセージを読みつつ、ハーブを飲用したり塗布したりするハーバルアストロロジーは病気になりにくい体作りや、もしかかってしまったとしても重篤にならないようなヒントをくれることでしょう。

　次項ではその効能やメッセージを受け取りやすくなるための方法を説明していきます。より良い明日を迎えるために、天体と植物たちはいつも私たちの今をサポートしてくれているのです。

3
WHAT IS AROMATHERAPY?

アロマセラピーとは

悲しいことも嬉しいことも思い出させる
「香り」は人類の発展に寄り添ってきた

　「アロマセラピー」とは一体、何でしょう。
　日本語では「芳香療法」といわれ、「香り」が大きなキーポイントになります。
　人は、香りに意識するしないにかかわらず、ある特定の香りを嗅ぐとあることを思い出します。美味しそうな香りが香ってきたら急にお腹が空いてきてしまったとか、通りすがった香りが昔つき合っていた人の香りと同じで思わず思い出してしまったとかなどを経験された人もいるのではないでしょうか。
　香水をつけること、それは異性に対する一種のアピールだともいわれています。香りの効果は種の保存という生物にとっての根本をも担っているのです。
　そのなかで、古代の人たちは経験として香りの効果を本能的に使ってきました。食べるものの安全性の確認も匂いで感知できます。また、火を使えるようになると、そのモノから出る香りもおのずと違ってきます。洞窟のなかで香草を焚き、瞑想にふける・トランスをする感覚を覚えたのもある種の儀式であり、人類の進歩につながってきたといえるでしょう。
　こうして今まで、幾多の犠牲を繰りかえしつつ、香りは人類の発展と隣り合わせに進んで今日に至っています。

香りの分子は、鼻から入ると嗅覚神経にキャッチされ、それが脳の大脳辺縁系という本能的なことを支配する部位に到達し、そこでこの香りは好きであるとか嫌いであるとか認識されます。そしてその好き嫌いの認識は経験値からくるものとされています。楽しかった思い出の香りは気持ちをハッピーにさせるでしょうし、美味しい香りは食べたいという経験値から感情につながっていくでしょう。嫌な出来事に経験した香りは、万人受けする香りであってもその人にとってはとても嫌な香りになってしまうのです。記憶が遠のいた人が、ある特定の香りによって記憶がよみがえることもあります。
　そんな人間（全生物も含む）の嗅覚の特性を生かしたのがアロマセラピーです。
　お気に入りの香りはそれだけでも心の琴線を揺さぶります。考えなどが凝り固まってしまったときにモードチェンジするのに、とても大きな役割を果たしてくれるでしょう。
　日本にも古くから宗教儀式には香を焚き、冬至にはユズ湯に入るなどして香りを文化として用いていました。また、戦国時代には各武将は戦の前に兜に香を焚きこみ、戦いに挑んだといわれています。これも一種のアロマセラピー効果ではないでしょうか。

植物の魂といえる精油は希釈が必要
禁忌事項や注意事項をしっかりチェック

　しかし、アロマセラピーで使う精油においてはたんなる香りだけの効果でなく、植物のエネルギーが凝縮されたものであるということがここ1～2世紀の間で本格的に化学分析されてきました。薬効効果がある植物から抽出した精油には、人に親和性のある成分がたくさん発見・認識されたのです。それはある条件を守って塗布したり、入浴時や室

内での芳香浴に使用するととても効果的だということです。

　ある条件とは、精油は蒸留法などで抽出したいわば植物の魂でありエネルギーなので、それなりに濃度が濃いため、適正に希釈する必要があるということです。

　また、精油によっての希釈率や使い方、禁忌事項、注意事項が微妙に異なります。精油は蒸留の過程で水の部分と油の部分に分離されます。その油の部分が精油になるのですが、油性のものと希釈すると、肌への浸透も良くなり、それは血流に乗って体内の各臓器に送られ、臓器に起こるトラブルを緩和してくれるのです。これはある程度、トレーニングが必要な分野になりますが、とても有効的な精油の特性であり、アロマセラピーの有効な使い方です。

　例えば、ラヴェンダーは比較的使いやすい精油の一つです。ラヴェンダーは効能も多く、しかも直接肌につけても大丈夫といわれる精油です。ただし、乳幼児や高年齢者、敏感肌の人は希釈してから使うようにする必要が出てくるでしょう。

　ほかの精油は希釈が必要です。希釈をしないと逆に肌を痛める原因を誘発することがありますので注意して取り扱ってください。

　本書では比較的使いやすい精油を選んでありますので、天体のメッセージを聞きつつ選んで使用してみてください。

　「香り」はあなたにとって、迷ったとき、疲れてしまったとき、悩んでしまったときのガーディアンエンジェルの化身かもしれません。

Caution!

> 妊婦さん・乳幼児・高年齢・敏感肌の方への精油の皮膚への使用は特に気をつけてください。

4 HOW TO USE
ハーブとアロマの使い方

ハーブの使い方

キャベツもキュウリもモモもハーブ
お手軽な摂取法はハーブティー

　ハーブは人類の歴史にとって切り離して考えることはできない存在です。もちろん、人類が今のような形態になる前から存在していましたし、その後もいろいろな場面で恩恵を受けてきたということは前項でもお話しさせていただきました。

　ところで、人類は実は地球とほぼ同じ割合でできているということをご存じでしょうか。地球の表面積の約70％は水分でできているといわれています。私たちも約70％は水分で構成されています。そのほかにも鉄（血液）、カルシウム（骨）、たんぱく質（皮膚・臓器）、亜鉛、塩分などの成分も私たちの体を構成しています。その何かが、一定の量を超えたり、減少したりすると体調を崩したり、心のバランスが崩れやすくなるといわれています。そして大地に根付く植物がその大地から成分を蓄え、私たちの体に供給するといわれているのです。

　植物の好む大地の形質がそれぞれ違うということ、それはその土地の成分が違うということを意味しています。その成分を媒介する食物または飲料、時には薬として私たちの身近に存在し続けてくれているのです。

　ニコラス・カルペパーの『コンプリートハーバル』によると、キャベツ

もキューカンバー（キュウリ）、さらにはピーチやリンゴなどの果実もハーブとしてのカテゴリーとなされています。天体対応は月と金星です。

　キャベツもキューカンバーも水分をたくさん含んでいて冷やすという働きがあります。ピーチやリンゴは水分も多く含みますが、ビタミンCもたくさん含んでいます。これらは私たちの日常に必要なものなので、効率よく摂っていきましょう。毎日の献立に意識して用いてみてください。一般に食材として店頭に並んでいるものは禁忌事項が少ないので安心して食べることができます。

　反対にハーブは禁忌事項があるため注意して選び、摂取してください。購入するときも知識のあるスタッフがいるところでお求めになるのがよいでしょう。ハーブは漢方薬と同じように薬用効果があるものが少なくありません。97頁からはオススメのハーブを効能ごとに記してありますので、参考にしてください。

　一番楽に摂取できる方法は食材としてですが、次にハーブティーとして飲用されるのが安易でしょう。もう少し手間をかけても大丈夫という人は、ベジタブルオイルにハーブを入れて調理に使っても効果的です。例としては、オリーブオイルにローズマリーの枝やガーリックやジンジャーのスライスを入れるとステキな芳香のあるドレッシングを作ることができます。毎日の食卓をより充実したものにしてくれるでしょう。

お手軽ジンジャーの作り方

① ヒネショウガをきれいに洗ってスライスします。
② 約500mlに5〜6枚のスライスを入れ煮出します。
③ 蜂蜜を少しティーカップに入れて飲みます。
体が冷えたときやのどに痛みがあるときにオススメです。

ベジタブルオイルとは

ベジタブルオイルは開封直後に劣化が始まる
小分けのものを使い切ることが身体にもベスト

　本文中に出てくる「ベジタブルオイル」とは、別名「キャリアオイル」とも呼ばれる植物油のことになります。

　現在、市場に出回っているオイルは食用も含め身近なところで植物油と鉱物油に分けられます。植物油はもちろん油分を多く含んだ植物から採られた油で、実や葉から抽出されます。鉱物油は鉱石から抽出されます。

　植物油は、皮膚になじみやすいという特徴が挙げられます。

　なぜ、精油を人体に塗布するときにベジタブルオイルが必要かというと、精油も厳密にいうと油脂ではありませんが、油脂に分解しやすい性質を持っています。精油のなかにはそのままの濃度で人体に塗布すると皮膚にダメージを与えることがありますので、その分子を希釈し取り入れやすいようにするために油脂での希釈が必要となってきます。ということは、生クリームでも希釈は可能です。しかし、入浴剤を作るときの希釈には適してもマッサージに使うときには生クリームは皮膚へのなじみがよくないでしょう。

　その際になぜ鉱物油ではいけないかというと、精油の希釈をすることはできますが、皮膚に入り込むことができなくなります。逆に分子が大きいので皮膚を通して人体に入り込むかわりに、皮膚上に膜（皮膜）を作り外部からモノの侵入を防ぐという働きに変わります。良い例がベビーオイルで、ほとんどのベビーオイルは赤ちゃんの尿を皮膚に取り入れないようにガードする働きを持っています。これはおむつかぶれの予防で、

植物油とは真逆の発想であり使用方法になります。また、ワセリン（鉱物油）も寒い地域で、寒風から皮膚を守るために登山家などによく使われていることからも、おわかりいただけるのではないでしょうか。

　植物油は鉱物油より分子が細かい分、皮膚の内部に侵入することが可能になりますので、精油をうまく体内に取り込むことができるのです。

　皆さんが精油を人体に塗布するときには、もちろん食用の植物オイルでも希釈は可能になります。ただし、食用の植物油はコスメ用の植物油ほど酸化防止（酸化防止剤を添加しているのではなく精製法が違います）となっていないので、精油とブレンドした食用油を使い塗布した場合、衣服に付くと酸化臭を発することがあります。お使いいただくのは禁忌ではありませんが、精油のブレンド用にはコスメ用の植物油であるベジタブルオイルをお使いいただいた方がよいでしょう。もし、入手不可のときは、無香料のシンプルな市販のクリームでの代用でも大丈夫です。

　なお、ベジタブルオイルは容器を開封したら劣化は始まります。空気に触れる部分は酸化しやすいので、なるべく早い使い切りをオススメします。確かに多い量を購入すると若干安価になるメリットもありますが、必要な分を購入し早く使い切った方が効果的でしょう。

ベジタブルオイルの種類

ホホバオイル

砂漠地帯に多く生息するホホバの実から採取できるホホバオイルは、純粋にはベジタブルオイルではなく、ワックスになりますが、皮膚との親和性は良いですし、湿度の高い日本の風土のなかでは酸化がやや遅いです。ちょっと高価なのが難点です。

スィートアーモンドオイル

比較的購入しやすいベジタブルオイルの代表的なものです。欧米の書籍にはオススメの筆頭に出てきますが、日本の湿気には弱く購入後の保存に注意してください。肌質を選ばず使うことができるベジタブルオイルです。

マカダミアナッツオイル

保湿力に優れたベジタブルオイルです。ただし、ナッツアレルギーのある方には注意が必要です。

グレープシードオイル・オリーブオイル

食用でもありますが、マッサージ用には別の精製がなされているものをお使いいただいた方が、酸化臭が防げます。

セサミオイル

調理に使う、香りの高い胡麻油ではなく、こちらも化粧用のベジタブルオイルがオススメです。太白胡麻油をベビーマッサージに使うこともありますが、酸化臭は免れませんのでご注意ください。しかし、口のなかに入れることができるものは人体の塗布には安心できるというメリットもあります。

※その他にカメリアオイル（椿油）やイブニングプリムローズオイルなどがあります。

精油の使い方

**精油は1滴でもエネルギーが高い
濃ければ効果があるということではない**

　精油は中世の錬金術師の手により、アラブで生み出されたといわれています。

　「錬金術」とは一つの変容の過程で熱したり冷やしたりして、ただの金属を黄金に変えるという試行錯誤の実験です。

　植物も同じように熱され、冷やされ、発酵させたり、圧搾したりして別モノを生み出すことができます。ワインなどは圧搾され、発酵させて本来のブドウとは違うものが誕生しました。精油もまた生や乾燥の状態から一手間かけられ誕生したものです。そうして生まれた植物から採れる精油はおのずと、生や乾燥させたハーブと内容が違ってきます。いわば植物の「魂」が取り出された状態です。

　その精油を生活のなかで使うとき、どういった方法で選ぶとよいでしょうか。以下に項目を挙げてみます。

①	香りで選ぶ
②	緩和したい症状で選ぶ
③	惑星のメッセージで選ぶ（チャートを読む）
④	そのときの気分で選ぶ
⑤	その他

　精油の使い方としては、ルームスプレーやアロマポットなどで部屋を香らす。ティッシュに数滴たらして香りを楽しんだり、鼻づまりなどの症状を緩和する。ベジタブルオイルで希釈し精油をブレンドして香油

を作って楽しんだり、マッサージオイルを作って塗布する。または精油をバスタブに入れて芳香浴を楽しむなどいろいろな方法が楽しめます。細かい事柄は各精油の項に明記してあります。

なお、ラヴェンダー以外の精油は必ず希釈して（薄めて）お使いください。目安は小さじ1に1～3滴です。小さじ1（5ml）に1滴が1%の希釈率になります。お肌の敏感な人や乳幼児、高年齢者、妊娠中、投薬中、アレルギーのある人は0.5%～1%がよいでしょう。精油はかなり濃度の高いものなので、少量でも効きめがあります。濃ければ良い、多ければ良いというものではありません。

また、粘膜の箇所への精油の使用は禁忌です。目の周りや口の周りに使用するときにはご注意ください。入浴時にも必ず希釈してください。通常大丈夫といわれているラヴェンダーも、乳幼児の入浴時の使用には注意が必要です。小さいお子様の場合、うっかり入浴中に目をこすってしまうということもありますので注意してください。

＊どういったところで購入したらよいか＊

今の日本では比較的たやすく精油を購入することができます。しかし、海外での植物の栽培、抽出など依然精油は輸入に頼るところが多いのが現状です。関税などの関係で円高といっても海外で購入されるよりも高くつくことがあります。最近は日本でのアロマセラピーの普及が著しく、ショップスタッフも知識を持った人が多くなってきていますので、質問したときに的確に答えてくれるスタッフがいるお店で購入されるのが一番安全です。きちんとしたスタッフがいるということは、きちんと仕入れされて、きちんと在庫管理をされていることにつながります。なぜ、そのようなことが重大かというと、精油はとてもデリケートだからです。温度差や騒音にとても敏感なのです。

＊ 精油の保存法と使用期限 ＊

　購入後は湿気や温度変化の穏やかなところで保存してください。できれば冷暗所がベストです。入浴時に使いたいからといってバスルームに置くのは好ましくありません。また、ローズやサンダルウッドなどのベースノートの香りは2～3年、それ以上置いておくと香りに濃厚さが表れるものもありますが、通常は1年以内、トップノートの柑橘系は半年以内に使い切るのがよいでしょう。また、精油同士をブレンドしたらなるべく2～3週間以内で使い切るよう心がけましょう。一緒にブレンドしたベジタブルオイルが酸化してしまいますので、効果が逆になってしまう可能性があります。作るときも一度にたくさんの量を作り置きするのもオススメできません。

＊ 価格に関して ＊

　精油は植物の種類によって、また製造過程での抽出量によってかなり価格に差があるのが特徴です。一律に同じ価格ということはまずありません。高いものが良いかということではなく、必ずテスターなどで香りを確認してください。きちんと精油を管理していそうな、質問をしても的確な答えを出してくれるお店の購入が安全です。きちんと説明ができるお店は管理もきちんとしているのが特徴です。

＊ 学名と産出国 ＊

　国によってその国の言葉で植物名は表記されますが、学名は同じ表記になります。そしてきちんとした製造ルートで作られた精油には必ず、学名と産出国が明記されていますので、確認してから購入されるとよいでしょう。

＊アロマオイルと精油の違い＊

　香りを楽しむだけならアロマオイルでもよいでしょう。しかしアロマオイルをマッサージなど人体に塗布することはできません。逆に肌を荒らしてしまうこともありますので注意しましょう。精油とは、きちんとした製法で植物のエッセンスを取り出したものです。そのため香りがということではなく、その効能に注目が置かれます。そしてやがて人は本当の香りこそ、極上の香りであると気がつくのです。精油は香りも効能も楽しめます。アロマオイルは香りだけのものであるということを頭に入れて購入してください。あなたのそしてあなたの大事な人へ使う精油です。より良いもの、そのときにふさわしいものと出合えることを祈っています。

Column.1
天体のメッセージを手軽に応用する①

キッチンハーブ

「パセリ、セージ、ローズマリー、&タイム〜♪」
　一昔前、サイモンとガーファンクルの歌にこのようなフレーズの歌詞がありました。最初は何かと思ったのですが、よく聞いたらなんとハーブの名前！ アメリカの家庭では、一般的によく使われるハーブと知ったときの驚き。なんてステキな日常なのだろう。私もこんなハーブに囲まれた生活がしたいと思ったものでした。
「サラダのここにちょっとパセリが欲しい！」
「パスタソースを作ったときに、ちょっとバジルが欲しい！」
　そんなときのために、キッチンハーブを育ててみませんか。
　お庭がなくてもできるのです。キッチンの窓の片隅やベランダの日当たりのよい所にちょっとしたスペースがあれば大丈夫です。

（67頁に続く）

II

これだけは覚えておきたい
西洋占星術の基礎知識

1 12サイン（星座）

♈ 牡羊座

　支配星が火星、ポジティブ、活動宮、火のエレメントの牡羊座は何事にもエネルギッシュに取り組むことが特徴で素早い起動力もあります。物事の判断は速く、すぐに行動を起こしますが、あまり結果を考えないで始めてしまうことが多々あるようです。何かやろうと思ったら、ちょっと冷静になることも大切です。誰よりも早く、誰よりも力強くと願うスポーツ選手や起業家にはなくてはならない要素をたくさん持っていることが特徴です。通常、太陽がここにある人を牡羊座の人と表現しますが、ほかの天体がたくさんここに集中して、太陽がほかの星座にあっても、牡羊座の性質が強まることもあります。

♉ 牡牛座

　支配星が金星、ネガティブ、不動宮、地のエレメントの牡牛座は五感ということがキーワードになります。視覚、触覚、嗅覚、聴覚、味覚が鋭い人が多いでしょう。「愛と美」をキーワードに持つ牡牛座は感触に価値を見いだすために妥協はしないのが特徴です。しかしあまりそのことに執着し過ぎると頑固になってしまうこともあるので注意が必要です。またしっかりとした地に着いた感覚を大切にするので、経済的なことや金融のことにも敏感です。自分の感触を信じとことん追求することが牡牛座の心意気となるでしょう。しかしたまには心も体も開放しましょう。

♊ 双子座

　支配星が水星、ポジティブ、柔軟宮、風のエレメントの双子座のキーワードは「コミュニケーション」です。学ぶことにも情熱を向け、それは知りたいということが本能的に現れるということにつながります。そのための情報収集にも余念がありません。風のパワーでフットワーク良く、動き回るのも特徴です。課題としては情報収集が得意な反面、多方面からいらない情報も集めてしまいますので、本当に価値あるものかどうか、見極めることも重要になります。たんなる「うわさ好き」に終わらないようにするためにも。

♋ 蟹　座

　支配星が月、ネガティブ、活動宮、水のエレメントの蟹座のキーワードは「家庭的」で、インナーマインドが強く出ることに特徴があるでしょう。家族や仲間を愛し、団結力に富みます。その反面、その感情がネガティブに出ると閉鎖的になりがちになり、仲間以外の他者の排除や無関心ということが少なくありません。あふれる愛を広い範囲で与えるということが課題となるでしょう。「母性」がキーワードとなります。あふれる愛情を出し惜しみせず、母なる大地のような芳醇でかぐわしい香りがはなたれたとき、蟹座の愛は多くの人たちの支持を得るでしょう。

1. 12 サイン（星座）

♌ 獅子座

　支配星が太陽、ポジティブ、不動宮、火のエレメントの獅子座は、クリエイティブなパワーあふれる星座です。太陽のエネルギーで堂々として、リーダーとなる素質が十分にあることが特徴です。華やかな世界を好むという特性もあるので、芸能界などで生きていくにはこの要素は必要になるでしょう。しかし人の前に出ることやリーダーになるにはそれなりの条件が必要になります。その条件が満たされないで獅子座的要素をひけらかすと、人から孤立することもあるので注意が必要になります。このあたりが獅子座の課題になります。自分を主張するあまり、孤立してしまわないよう注意しましょう。華やかなオーラは自然と出ているのですから。

♍ 乙女座

　支配星が水星、ネガティブ、柔軟宮、地のエレメントの乙女座のキーワードは「癒し」です。「分析する」ということも一つのキーワードで、いろいろなことを理解しようと努める特性があるでしょう。何かをやって差し上げるということに喜びを感じることが少なくないでしょう。ただし、やってあげ過ぎは禁物です。やってあげる人の能力やチャンスを知らず知らずのうちに奪ってしまうという危険性もはらんでいます。そんなときにはちょっと他者の立場も考えてみてください。分析力の鋭いあなたには容易にできることでしょう。

♎ 天秤座

　支配星が金星、ポジティブ、活動宮、風のエレメントの天秤座のキーワードは「調和と美」がメインテーマとなります。バランスが取れた美しさを愛します。それは弁護士のバッチに天秤のマークがあるということでもおわかりいただけるでしょう。しかし、その意味が強調され過ぎると他者にもそれを要求してしまうということも出てきます。「私はこれだけしたのだからこれくらいのことはしてもらって当然」などの気持ちが芽生えたらそれは危険信号です。相手の立場や考え方もあるということを認識しないといけません。

♏ 蠍　座

　支配星が火星と冥王星、ネガティブ、不動宮、水のエレメントの蠍座のキーワードは「願望」であり、「変容」や「死と再生」などちょっと物騒なキーワードが並びます。冥王星を支配星に持っているだけあって、奥底深いところでじっと炎を燃やし続けます。そのためこれは牡羊座の火星とちょっと意味が違うのがおわかりいただけるでしょうか。外へ向かう活動的とは真逆の深い情念でしょう。そしてそこからはセクシーという意味合いも生まれてきます。人間や動物が持つ本能のカテゴリーの炎を燃やし続けるサインが蠍座でしょう。

1. 12サイン（星座）

♐ 射手座

　支配星が木星、ポジティブ、柔軟宮、火のエレメントの射手座のキーワードは「高みを目指すこと」です。神々の神であるジュピターを支配星に持つこのサインは、宗教や哲学も意味します。対向にある双子座の初等教育のキーワードと反対に高等教育を意味し、広く追求していくことがキーワードとなるでしょう。身の回りのことでなく、もっと遠くをと何事も目指し実行しますが、広がり過ぎて収拾がつかなくなるというマイナス点が出ないように注意が必要です。逆に突き詰めることはないので、自分を追い込むことは少ないでしょう。

♑ 山羊座

　支配星が土星、ネガティブ、活動宮、地のエレメントの山羊座は「社会性」や「ルールなど基本を見直す」というキーワードを持ちます。根本的に真面目さが12サイン中ピカイチです。何事も責任感を持って遂行していくので、周りの人や家族に信頼感を持ってもらえます。ただし、その真面目さが強く出過ぎると、ただの頑固になってしまうこともあるので注意が必要です。一般的に大きな組織のなかで中心的な働きをするリーダータイプの人が多いといわれています。本来持っている真面目さにみんなが安心するでしょう。

♒ 水瓶座

　支配星が土星と天王星、ポジティブ、不動宮、風のエレメントの水瓶座は「改革の星」というキーワードを持ちます。多々いろいろなことを経験して、成長してきた魂や物事はある程度完成すると、その改良点を見つけ、次のステージに行く努力をしはじめる。そんな経験がある人は少なくないと思います。ちょうどそんな感じを持ったサインが水瓶座になります。より良いものを求めて次のステップへという願望が思考や行動になって現れるのです。しかし、それも行き過ぎるとただの変わった人、変わった行動としか見られなくなってしまうので、幅広く情報を集めて、状況を読んで対処しましょう。

♓ 魚 座

　支配星が木星と海王星、ネガティブ、柔軟宮、水のエレメントの魚座のキーワードは「超越と理想」です。いろいろなことを経験した魂の旅は次のステージを迎えようとしています。そんな臨界点にあるのが魚座でしょう。現実が厳しいと感じているときも、心に夢を持ち続ける人が多いでしょう。ただし、ちょっとさびしがりのところもあるのが特徴です。だからこそ、夢を持ち続けるロマンチストなのかもしれません。夢を実現するために、アグレッシブに進むために、ロマンチックな要素も必要ですが、あまりフワフワしないで、しっかりと考えて準備することも大切です。次のスタートはもうすぐです。

2　10 天体

太 陽　(HOT & DRY)

太陽に対応するハーブと精油

　はるか昔、人々は自分たちの住む地球の周りを星たちが輝きながら回っているものと信じていました。今は、太陽の周りを、地球をはじめとする天体が回っているのは小さな子どもでさえ知る周知の事実です。太陽は生物が住んだり植物が育つことができないくらい熱い温度の天体ですが、地球上においてはその太陽のエネルギーがないと人も動物も植物も何も育つことはおろか誕生することさえできません。そんな大きなエネルギーを持った天体が太陽です。ギリシャの人々はこの太陽を神（アポロン）として崇めました。そして大天使ミカエルもその使い手として、太陽を光り輝くシンボルとして言い伝えや神話、占星術では考えられています。

　誰でも自分のなかに太陽を持っています。あなたの太陽は何座にありますか。生まれた月日によって何座か決められ、その星座には各々の特徴が分類されていますので、キーワードが浮かび上がってきます。その太陽がどこにあるかで占われたものを太陽占星術と呼び、雑誌などに掲載されている「12星座占い」になります。実は占星術ではほとんどが10天体の状態でいろいろなことを判断しますが、最初に注目すべき天体が太陽であることは間違いありません。この光あふれる天体は、あなたのなかにあるエネルギーの源を象徴するでしょう。良くも悪くも、あなたを、その人を表すエッセンスを携えています。

太陽に対応するハーブと精油

　この太陽に対応するハーブと精油は、黄色い花を咲かす、太陽の光をさんさんと浴びて育ったもの、または神に捧げられた植物などが挙げられます。

　例えば、柑橘系の果実もその一つです。柑橘系が育つ条件に、どの植物よりも太陽の光と温度は必要です。冬が特に寒い中央ヨーロッパ地域で発達した温室などはそのよい例でしょう。「オランジュリー」と呼ばれる温室のことをさすこの言葉は、オレンジからきたといわれています。ですので、スィートオレンジやマンダリン、レモン、グレープフルーツ、ユズは太陽対応のハーブであり、精油といわれます。黄色は太陽の色としての分類がされ、黄色の花をつけるハーブやフルーツも太陽の対応となります。

　太陽は命の源であり、また神は人類にとって尊い存在です。その神に捧げられた伝説や伝統に育まれてきた植物も太陽対応の植物といわれます。カモミールの分類は迷うところですが、キク科であり、古代は神に捧げられてきた植物といわれています。意見が分かれますが、本書ではカモミールローマンは太陽対応とさせていただきます。神に捧げられたということでは、フランキンセンスやミルラは代表的な精油です。幼子イエス誕生の際に東方の三博士より送られた樹脂で、双方とも抜群の創傷治癒効果とスキンケア効果、保湿効果があるといわれています。

　アンジェリカも天に向かって堂々と伸びて生育していくところから、太陽対応のハーブ・精油となっています。

2. 10天体

☾ (COLD & MOIST)

月があらわすもの

　月がほかの天体と違うところは、地球の周りを規則正しく回っているということでしょう。もし、地球の周りを月が回っていなかったら、地球に昼と夜をもたらさなかったともいわれていますし、四季を生み出さなかったといわれています。また、人が生むことのできる環境は月によるものともいわれています。

　月は満ちたり欠けたりして、ひと月の移り変わりを知らせてくれることは古代から知られていて、生活のなかに大いに利用されてきました。人の体も一ヶ月の周期で変化しているのを感じられることもあるのではないでしょうか。人の皮膚は通常 28 〜 29.5 日でターンオーバー（再生）されるといいますし、女性の生理的なものにも関係してきます。そしてなかでも重要なのが、人の内面や感情を表す天体としてのキーワードがあります。

　月が何座にあるかということはその人にとって重要になります。特に女性は太陽の星座より、月の星座のキーワードやメッセージの方がしっくり感じるという方も少なくないといわれます。ルナシー、ルナティックなど感情的な病に月（英語では「ムーン」、ラテン語系では「ルナ」）になぞらえた言葉から出てくることでも感じられるのではないでしょうか。

　ギリシャ神話でも月のシンボルはたくさんありますが、そのほとんどが女神になります。ダイアナやイシスなど、世界各地で月にまつわる神話や信仰も多々存在しています。

月に対応するハーブと精油

　月は感情を司るといわれ、その感情の高ぶりを鎮静させるようなCOLD & MOIST の性質を持つ植物が対応しています。

　冷やす働きがあり、味がない、または香りがほとんどないハーブが特徴です。食材として私たちが日ごろから口にするキャベツやレタスなどが月に対応するといわれています。味や香りがないということは、ミックスしやすいということにもつながりますので、食材としては調理もしやすいでしょう。また、月は胃とも親密な関係があります。神経質になって胃にダメージを与える人も少なくないと思いますが、そのようなときにキャベツはその持つ薬効で症状を緩和してくれるでしょう。

　本書では使いやすいハーブには入れていませんが、ケシ（アヘン）やトリカブト、ジギタリスも月の対応ハーブになります。一見、毒のようですが実はこれらは容量（使用量）によっては麻酔薬や心臓疾患を治療する薬でもあるのです。実際に、月の対応ハーブにはこのような薬効成分を持ったものも少なくありません。

　現在、精油ではクラリセージが月の対応するものだといわれています。また、カモミールジャーマンはその学名「*Matricaria*」から子宮の語源と類似しているのと、月の対応身体部位が子宮のため、親和性があるのではないかといわれています。

　クラリセージも婦人科系のトラブルにとても有効的な精油でありハーブです。ただし、使う時期など禁忌事項がありますので注意してください。

　月の精油が気持ちにフィットしないときは、金星も同じ性質COLD & MOIST を持ちますので、金星対応の精油も選択肢の一つに入れてもよいかもしれません。

2. 10天体

水星 (COLD & DRY)

水星があらわすもの

　水星は英語で「マーキュリー」、ラテン語で「ヘルメス」、ギリシャ語で「メリクリウス」として知られている天体です。ケーリュケイオンを携え、羽根のついたサンダルを履いて飛び回っている若者の像はギリシャ彫刻などでよく見かけることができるでしょう。水星は公転周期がとても速い天体です。メッセージを伝えたり、学んだりとフットワークも良く、商売の神様でもありますが、その反面、詐欺師の名も持つ多面的な神が象徴となっています。ギリシャ時代は冥界と現実とをつなぐ使者でもあったので、それは医師ではないかといわれるときもあったそうです。他者と他者とをメッセージを介してつなぐという役割分担が水星の意味に込められています。

　また、水星は二つのサイン（星座）の支配星となります。それは双子座と乙女座です。同じ支配星でも二つのサインは基本要素がちょっと違ってきますので、水星の持つ意味合いも違ってきます。

　「水星の逆行」ということを聞かれたことはあるでしょうか。1年に数回、水星は逆行するというスタイルを取ります。といっても、本当に逆行するのではなく、地球の公転の具合で静止状態に感じるからだといわれています。この時期に注意することは大事な契約や約束はしない、連絡がうまくいかない、交通機関のダイヤが乱れやすくなるなどいろいろといわれますが、意識していれば回避することは可能な範疇です。

水星に対応するハーブと精油

　水星には伝えるという性質があります。そしてそれは神経の伝達システムに類似していなくもありません。水星対応のハーブや精油にはその神経系に働きかけ伝えていく性質を持ったハーブや精油が割り当てられています。

　まずは、ラヴェンダーでしょう。アロマセラピーというとまずはラヴェンダーといわれるくらい有名なハーブであり精油です。この精油はかなり万能な効能が確認されています。その一つは鎮痛作用でコリをほぐし流します。同時に鎮静作用もありますので、気持ちのこわばりも穏やかに緩めてくれる働きがあり、心身両方のストレスから起こる緊張やコリを改善してくれる極上の精油でありハーブです。殺菌作用・抗菌作用もありますのでちょっとした火傷、切り傷の処置にも対応できます。

　また、マージョラムもラヴェンダーと同じような働きがあります。ストイックに思いつめたときも開放感を感じさせてくれるハーブです。こむらがえりなどや筋肉痛にも良く、血流の流れ、特に末端に働きかける作用があるといわれていますので、冷え性の人にはオススメの精油です。もちろん、ハーブとして香味づけに肉料理や魚料理、サラダドレッシングなどにお使いいただいてもよいでしょう。

　水星を支配星に持つ乙女座は腸と対応します。整腸作用のあるフェンネルも水星対応のハーブであり、精油です。夏の疲れなどで体調を乱したときなどフェンネルのスープなどは効果がありますし、ハーブティーの飲用はお手軽にできますし、フェンネルシードが入ったビスケットなども小さいお子様からお年寄りまで滋養強壮に役立つでしょう。

　水星は公転周期の早い天体ですので、一年草や二年草の植物も水星に割り当てられているようです。

2. 10天体

金星 (COLD & MOIST)

金星があらわすもの

　金星は一般的に「愛と美と調和」がキーワードといわれています。英語で「ヴィーナス」、ギリシャ語で「アフロディーテ」として愛と美の女神として数々の彫刻や絵画、文学で表現されています。キプロスの傍の海底から泡と共に生まれたヴィーナス。愛の化身として数々の伝説を残しています。「愛」、それは「喜び」をも表現します。愛は人の持つ五感で満たされていくことでしょう。愛のある行動は結びつきをよりいっそう強いものにしたいという欲望も生まれます。

　また反面、愛の化身であるヴィーナスは時には嫉妬なども生み出すことが少なくありません。愛があるからこそ生まれるのですが、あればあるほど、反対に作用すると恐ろしいものにもなりかねません。愛が生まれることは理論や理屈では計り知れないものがあるのは周知の事実です。そんな愛の本当の姿とあるべき姿をヴィーナスは導いてくれることでしょう。そしてそれは身も心も豊かにしてくれる「道しるべ」となることでしょう。

　あなたの金星は何座であるかによって美の表現にもつながっていきます。あなたに喜びを与えるキーワードを運んでくれる天体でもあるのです。金星は牡牛座と天秤座の支配星ですが、こちらも水星と同じように星座によって金星の意味合いが少し違ってきます。

金星に対応するハーブと精油

　金星に対応するハーブと精油はローズ、ゼラニウム、ミント、マートルなどがあります。

　実はストロベリーなどのベリー系、ピーチ、アップルなどの果実や、レンズ豆、ひよこ豆などの豆類も金星の対応となります。比較的この対応ハーブや野菜はビタミンCやフラボノイドが豊富だったりしますので、美肌効果があるものが多いのが特徴ではないでしょうか。金星も月と同じCOLD&MOISTの働きを持ちます。

　金星を支配星として持つ星座は二つあります。

　牡牛座の金星はそのなかでも地の要素があるので、大地に根づくということで、ベリー系などフルーツ系、または豆類なども対応しやすいでしょう。考え過ぎたり、気分が落ち込み気味のときなどにストロベリーのジュースやケーキのデザート、または豆腐料理や豆乳を意識して摂取していただくことも効果的でしょう。

　天秤座は風の要素を持ちます。風は一般的に花部と対応します。花から取れる精油のローズやゼラニウムなどは天秤座の金星のようなイメージがします。人間関係の煩わしさなどでちょっとイライラしたときなどは、お気に入りの花を部屋やオフィスに飾って愛でることもストレスを緩和させてくれるでしょう。

　いずれにしろ、金星に対応するハーブや精油は「美」「愛」「喜び」などをサポートしているものが対応するでしょう。

　逆に金星が強く出てしまいがちなときはあえて、HOT&DRYの性質を持つ火星対応のハーブや精油をオススメします。水っぽくしかも感情的になり過ぎたときにはドライなスタンスも必要です。そのときのHOT&DRYは太陽よりも火星的なものがオススメです。

2. 10天体

火星 (HOT & DRY)

火星があらわすもの

　火星のマルス（またはアレス）は古代から戦いの神、軍神として崇められてきました。今はこの戦いを「挑戦」、または「仕事」として考えることができるでしょう。アグレッシブに物事に挑戦するときのスタイルがどのサインになるかで異なることを意味しています。

　多くの場合、無意識に使われることの多い出生図のサインですが、あまり認識しないでアクションを起こすと、上手くいかなかったり、フラストレーションを起こしやすくなることがあります。火星はこの場合、不必要な暴力や怒りにつながっていくことが少なくありません。そうこうしているうちに自分自身を熱いエネルギーで焼き殺してしまう危険性もあります。各サインにはそれぞれの特徴があるので、それをうまく引き出せる環境を作り出していくことが大きな課題になるでしょう。

　意識して認識すればよりアクションのアプローチができやすくなります。男性性の象徴でもあります。女性はどのサインに火星があるかで男性の好みは推測できます（男性の場合は金星で推測します）。

　また仕事の仕方もこの火星で推測することができるでしょう。チームワークでの仕事のときにはちょっとこのエッセンスを知っておくと、スムーズに事を運ばせる参考になるかもしれません。

火星に対応するハーブと精油

　火星に対応するハーブや精油は比較的、スパイス系のものが割り当てられています。

　それは、活動のエネルギーをサポートするという意味からでしょう。火星のエネルギーは太陽のエネルギーとは少し異なります。太陽はその人そのもののエネルギーですが、火星のエネルギーはアクションを起こすというエネルギーになるので、血行などの促進が重要になってきます。血行促進やリンパの流れを促進するのに有効なのは、ブラックペッパーやジンジャー、ガーリック、マスタードなどのスパイスとしてのハーブや精油が割り当てられます。

　ブラックペッパーは脾臓を強化する働きがあります。乳児のときに脾臓の働きが悪いと黄疸などの症状を誘発してしまいますが、ある程度の年齢になると、脾臓はまた違った働きを担うため、もし脾臓に疾患を起こして取り除いても問題のない臓器だといわれます。しかし、ないと免疫力は低下し、アザなどができやすくなります。また、存在しても働きが弱まるとアザなどができやすくなるといわれ、そうして体内の危険を知らせてくれるのですが、そのときにはブラックペッパーなどはリカバリーをしてくれるといいます。調理に使ってもよいですし、また精油をブレンドしてもよいでしょう。そのときは希釈率を低めに設定します（1％または1％以下）。

　火星の対応する精油は微量で効きめがあります。というより、スパイス系が多いので、希釈率が高いと逆に皮膚を過度に刺激してしまいますので、注意が必要です。

　そのほかにバジルやホーソンベリーなどがあります。

2. 10天体

木星 (HOT & MOIST)

木星があらわすもの

「ジュピター」または「ゼウス」、「ユピテル」と呼ばれる木星は神のなかの神と呼ばれています。ギリシャ神話のなかでたくさんの女神にアプローチして子どもを作り、その子どもたちがそれぞれ神になったということからの由来でしょうか。木星は「拡大」と「幸運」のキーワードを持ちます。昔はこの木星が良い角度でアプローチすると人々に幸運をもたらすと星といわれ、「ベネフィック」と呼ばれていました。いろいろなことに広がりをみせることは素晴らしいことなのですが、広がり過ぎて収拾がつかなくなるということもありますので、そのときには注意が必要でしょう。

また、木星には「高みを目指す」、「哲学」、「宗教」、「高等教育」などのちょっと高度な願望もキーワードとなっています。遠く離れたモノへのあこがれや好奇心も強く、海外などの異文化にも人一倍興味を持って知ろうとするエネルギーにあふれているでしょう。

木星の公転周期は12年に一度、自分のサインにやってきます。そのサインが来るときまでに自分のサインの特性を知っておけばより良く夢を実現することができるでしょう。そんなキーワードを持った神々しい天体です。

木星に対応するハーブと精油

　木星の対応する精油はジャスミンやメリッサ（レモンバーム）、シナモンが挙げられます。

　ジャスミンは蔓性の植物で、太陽の光に向かって蔓を伸ばして成長していきます。メリッサも地上で増えていきます。どちらも芳香も良く、ジャスミンの開花期には道でその香りを離れたところからでも確認できることがあります。双方とも成長は良いのですが、抽出できる精油は少量のため、かなり高価な精油となります。香り高い精油ともいえるでしょう。

　シナモンも木星対応となります。これは冷蔵庫が登場する前の西洋において、宗教的儀式の一つであるクリスマスの時期に飾るクリスマスツリーのオーナメントの虫よけとしての利用もあったからだといわれています。

　そのほかにリンデンやミストレル（ヤドリギ）、ダンディライオン、アスパラガスなどがあります。これらは精油としてあるものもありますが、入手が少し困難ですので、ハーブティーとして飲用されるか、食用での利用がオススメです。リンデンのハーブティーは呼吸器系のトラブルの緩和に良いですし、ヤドリギのハーブティーは血圧を下げたり、血糖値を下げたりする効果があるといわれています。ダンディライオンはノンカフェインのコーヒーとして市販されているので、カフェインの摂り過ぎが気になる方にオススメの飲料です。これらは成人病予防のハーブティーでもあるのです。アスパラガスはもちろん食用がオススメです。今は日本でも一年中手に入りやすい食材の一つです。ヤドリギはクリスマスシーズンに真珠のような実をつけ、インテリアとしてのディスプレイとしてもよいでしょう。

　気持ちが広がり過ぎて持て余し気味になったら土星対応のハーブと精油がオススメです。引き締まった考えや地に着いた考えを呼び覚ましてくれるでしょう。

2. 10天体

土星 (COLD & DRY)

土星があらわすもの

　冬至は土星の日といわれます。日照時間の一番短い日で、この日を境に日照時間が長くなるのである意味、暗闇から抜けだすという感じがあります。明るいところは実は暗いところがあって初めて成り立ちます。日中にも星は夜空と同様、たくさん存在しますが、実は太陽の光で全部隠されてしまっています。

　暗いことは悪いことかといえばそうではなく、ゆっくり考える時間を与えてくれるということにつながっているのではないでしょうか。古代の人はそうやっていろいろなことを考え続けてきたのだと思います。もしもずっと明るかったら、人の生活や植物の生長過程は大きく変わっていたことでしょう。

　土星に絡まれるとメランコリック（うつ気味）になったりするといわれていたり、昔は良くないことが起きる前兆のマレフィックな星（凶星）といわれていましたが、今は「気づき」のときが来たととらえるのがよいでしょう。たまにはストップして、考える、見直す、そういったこともとても重要です。

　土星の公転周期は長く、29年で同じ位置に戻る「サターンリターン」といわれ、人の成長に30歳前後は人としてのいろいろなことの完成のときといわれています。占星術的成人式のときでもあるのです。

土星に対応するハーブと精油

　土星の対応ハーブと精油の代表的なものはサイプレスやサンダルウッド、クミン、ヒノキなどが挙げられます。それぞれ芳香が良く、深呼吸をしやすくなるものも少なくありません。

　サイプレスは英名の「SEMPRE」ということが「いつも（ALWAYS）」ということから対応になったようです。サイプレスは西洋絵画のバックや、現在も欧州の街道などでよく目にすることができる樹木です。土星は公転周期の長い天体なので、植物もどちらかというと、生育年数の長いものが対応となります。針葉樹や常緑樹も土星の対応が多いようです。

　欧米のメディカルアストロロジーに関する文献では、コンフリー（*Symphytum officinale*）というハーブが土星の対応になると記されているものが多くあります。骨つぎのハーブといわれ骨折後の治癒に最適といわれていましたが、近年、アコナイト属の毒素含有率が高いことがわかり、現在日本での使用は禁止されています。「骨格＝土星＝山羊座」というイメージです。

　また、月の項で毒にも薬にもなるといったハーブがここでも登場します。ヘンプ（タイマ）やアコニテ（トリカブト）などがその仲間です。しかし、ヘンプはキャリアオイルとして今は安全なものが市販されていますし、本来は重要な麻酔薬でした。アコニテも本来は強心剤として多くの心臓疾患を治療してきました。現在は事実上専門の医師しか扱うことはできませんので、入手はできませんが、そういった歴史があったということを明記させていただきます。

　マーレン（ビロードモウズイカ）なども土星対応のハーブとなります。

2. 10天体

トランスサタニアン

　現代は夜も明るいので、なかなか天体観測はできませんが、昔は土星までの天体は肉眼で観察することができたといわれています。

　17世紀初頭にガリレオ・ガリレイが望遠鏡で天体観測を始めましたが、それも土星まででした。その後、望遠鏡の技術の発達で天王星、海王星、冥王星（2006年に降格されましたが、占星術では重要な天体です）の公転周期の観測ができるようになり正式に認知された事実があります。土星を越えた天体ということで、「トランスサタニアン」と呼ばれています。

　なお、この3天体は公転周期が長いため、同世代の人は同じ星座に入っているのが特徴です。ハーバルアストロロジーではメディカルアストロロジーをベースにした伝統占星術の手法を使うため、土星までの7天体を使います。

天王星

　フランス革命など各地で革命が起きた年代に天王星は発見・認知されました。封建的な時代を払拭するかのように革命というメッセージを私たちに送ってくれます。人々が多く集まれば、おのずとリーダーがいないと統率が取れなくなりますが、統率者が立派でないと下々の者はついていけなくなります。権力を得ることはそういったことを踏まえて遂行しないと足元は怪しくなります。フランス革命などに象徴される革命が起こったころに、天王星は認知されました。このことを踏まえ自分の天王星も使っていけるとよいのではないでしょうか。他者があって自分が成立します。そのなかでどう自分のスタンスを生かすか、それも現代の課題です。現代占星術では水瓶座に対応します。

海王星

　19世紀末、この天体は発見・認知されました。文化的にはアールヌボーやアールデコなどが盛んな時代で、産業革命の後、人々は機械化されたものより手仕事の良さの再発見や、もっと人の心を打つものに回帰していたころでした。パリ万博で日本の浮世絵が紹介され、東西の文化が垣根を超えて融合していった時代にこの海王星は認知されました。境界を超える。縛りを超えたところにある理想郷を目指して人々は文化のなかにもいろいろなものを見出そうとした時代です。

　その後に来る合理主義の時代の前に艶やかに咲いた、夢の領域の文化の時代だったのかもしれません。海王星には夢や広い海になぞられた「領域を超えた」というキーワードがふさわしいのではないでしょうか。現代占星術では魚座に対応します。

冥王星

　夢の領域の次に来た時代、それは戦いの時代でした。それも火星的な戦いではなく、もっと科学的な奥の深い戦いです。このころちょうど、プルトニウムも発見され人々は原子爆弾などを作るようになっていきます。20世紀は世界的な規模の戦争の時代でした。プルトニウムは多くの人を不幸のどん底に落としましたが、有効利用すればとても素晴らしいエネルギー源となります。

　冥王星は私たちの心の奥や深層部の心理状態を表すといわれています。
　どう表現するかはその人次第ですが、この誰もが持つ深層部のエネルギーや欲望が上手に出されるよう、冥王星は私たちにメッセージを投げかけてくれるでしょう。キーワードとしては「変容と再生」です。現代占星術では蠍座に対応します。

3 4体液質

**エンペドクルスは人間も地球もすべて
四つの元素によって作られていると提唱**

「4体液質」とは、現代の日本ではあまりなじみがないかもしれません。というより、今の医学体系のなかでは過去のものという感がなくもありませんが、欧米の文化に生きる人たちにとってはある意味根底になっている考え方です。今の考え方が良いかというとそうでないということは皆さんもよくご存じのことだと思います。そんな過去の文化遺産的論理ですが、今の私たちにとっても大切なことがたくさん織り込まれているのでちょっと振り返ってみましょう。

紀元前、ギリシャの哲学者エンペドクルスは人間をはじめとした生き物および地球上のものは四つの元素で構成されていると説きました。それが、火・地・風・水の4ELEMENTS(エレメント)の原理です。エレメントの語源は基礎・基盤という意味で、英語で小学校のことをエレメンタリースクールといわれるような語彙の語源となっています。物事などの初めの最小単位、いわゆる元素を表します。そしてそのなかに体感できる元素 HOT/DRY/COLD/MOIST が含まれる4体液質へとつながっていきます。

表をご覧になっていただくとわかるように、一つの季節の移り変わりを感じていただくことができると思います。あくまでも星読みの記録の起源が北半球でしたので、北半球に都合の良いように記されていますが、日本に暮らす私たちにとっては親和性のある表現だと思います。

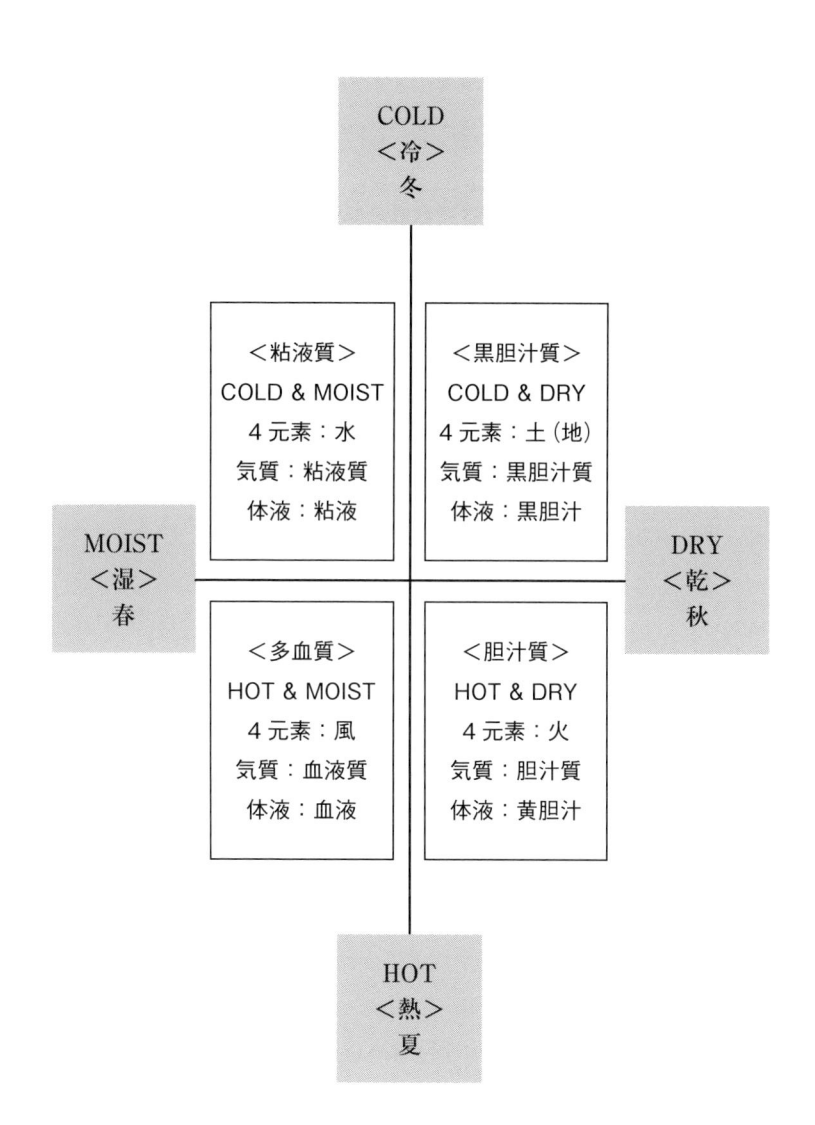

```
                    ┌─────────────┐
                    │    COLD     │
                    │    <冷>     │
                    │     冬      │
                    └──────┬──────┘
                           │
        ┌──────────────────┼──────────────────┐
        │   <粘液質>       │   <黒胆汁質>    │
        │  COLD & MOIST    │  COLD & DRY     │
        │  4元素：水       │  4元素：土（地）│
        │  気質：粘液質    │  気質：黒胆汁質 │
        │  体液：粘液      │  体液：黒胆汁   │
┌───────┤                  │                 ├───────┐
│ MOIST │──────────────────┼─────────────────│  DRY  │
│ <湿>  │                  │                 │ <乾>  │
│  春   │   <多血質>       │   <胆汁質>      │  秋   │
└───────┤  HOT & MOIST     │  HOT & DRY      ├───────┘
        │  4元素：風       │  4元素：火      │
        │  気質：血液質    │  気質：胆汁質   │
        │  体液：血液      │  体液：黄胆汁   │
        └──────────────────┼─────────────────┘
                           │
                    ┌──────┴──────┐
                    │    HOT      │
                    │    <熱>     │
                    │     夏      │
                    └─────────────┘
```

胆汁質、多血質、粘液質、憂うつ質
四つの体質で人間は構成されている

　古代ギリシャでは、人は「火のように激しい胆汁質」、「風のように気まぐれな多血質」、「水のようにゆったりまったりした粘液質」、「土のように暗い憂うつ質（黒胆汁質）」の四つのタイプに分類されてきました。

　胆汁質は、HOT&DRYの性質に分けられ太陽と火星に対応します。エネルギッシュですがマイナスに出ると怒りっぽくなり、キレやすい性質が出ます。そんなときには対向のCOLD&MOISTのものを処方するとよいといわれています。多血質は、HOT&MOISTの性質に分けられ、木星が対応します。陽気ですが、気まぐれで気持ちがそぞろなので、そんなときにはやはり対向のCOLD&DRYの要素のものを処方するとよいとされています。粘液質は、COLD&MOISTの性質に分けられ、月と金星的だといわれています。しっとりと落ち着いてよいのですが、過度になるとそれはそれでまた問題なので、対向のHOT&DRYのものを処方するとよいといわれています。憂うつ質は、COLD&DRYの性質で、土星と水星が対応します。ちょっと考え過ぎのきらいが見え始めたら、心を開放する対向の木星的なものを取り入れるとよいとされています。

　このように大体四つのタイプの体質で人は構成されているといわれていました。そしてこのバランスが崩れると心身に不調を及ぼすといわれて、不調時には各対向のものを処方しバランスを取るように心がけてきたようです。現在は医学も驚異的な発達をしていて重篤な病気には恩恵を受けることは多々ありますが、日常のちょっとした心身のバランスを取るのにこの要素を取り入れて過ごすのも、重篤な病にかかりにくくする一つの手段、または毎日の免疫力アップに有効な考え方だと思います。

　植物のパワーは漢方でも実証されていると思いますが、精油として香りの効果も近年、ただ「香り」ということでなく、本能的なことを感知

する脳の一部の大脳辺縁系を刺激し、偏りがちになった思考や行動を元の状態に戻すサポートができるのではないかということが再認識されています。アロマセラピー効果を活用して、心理的アプローチを臨床的な立場から行われることも少なくありません。

　香りはその人の心の叫びを感知し、そして本来の方向に導いてくれる働きがあります。それは数値で測る世界とはまた別モノの人類の神秘の部分を刺激しているからにほかなりません。そのときに４体液質の理論をベースにアプローチしていくというのも一つの選択肢に入れてもよいでしょう。なお、対応ハーブはこの４体液質の性質から割り振りがなされていることが多いようです。

Column.1
天体のメッセージを手軽に応用する②

キッチンハーブ

　キッチンでハーブを育てるのは２種類くらいから始めてみるのはいかがでしょう。イタリアンパセリやバジルはあるととっても便利です。あと大葉（紫蘇）も。タイムやセージもいいですね。これらのハーブも天体ととても親和性があります。パセリは水星対応、バジルは火星対応、タイムやセージは金星に対応しています。

　ローズマリーは太陽対応。ですが、キッチンハーブで育てているうちに大きくなってしまうので、これはベランダやお庭向きでしょう。フェンネルも小さいうちはキッチンハーブのボックスで収まりますが、大きくなる可能性があるハーブです。ミニトマトも比較的簡単にできます。実がなるとかわいいですよ。食卓のサラダにもいいし、ボックスランチの彩りにも大活躍してくれます。そして、実はトマトも天体と対応しているのです。それは金星、愛のハーブです。種から育てても楽しいし、苗を買ってキッチンの片隅に置いておくのもよいかもしれませんね。インテリアとしてもとてもステキです。

　ハーブはフレッシュでももちろん効果的ですが、収穫に成功してしまったときには、ドライハーブでのストックも可能です。是非、お試しあれ！

※ コラム

Column.2
天体のメッセージを手軽に応用する 食事編

　ステキなレストランでお食事をしたとき、まずは運ばれてきた盛りつけの彩りに心が躍ったことはないでしょうか？　ボックスランチを買うときも、ボックスの中身の色で決めてしまうことはありませんか？　また、ご自分でボックスランチを作るときに、食材を調理するとほとんどが茶色になってしまい、なんとも地味な出来上がりになってしまったと思われることはないでしょうか？
　ハンバーグもトンカツも、海老フライもなんだかみんな茶色っぽい。特に肉や魚を調理した時に起こりがちになってしまう茶色の世界。そして付け合わせにトマトやレタス、キャベツ、ほうれん草、人参、ゆで卵などを入れていくうちにカラフルになって一安心。そうです、ボックスランチの中身は心してカラフルにしていきましょう。
　実は色にも天体からのメッセージがあって、栄養素の色がそのまま食材の色になって表れているといわれます。トマトにはビタミンCがたくさん含まれ、リコピンというがん予防の栄養素もあると報告されています。人参もビタミンA・Cも豊富で、カロテンも豊富なので、トマトと一緒に食べると、とても効果的とのことです。また、ほうれん草もビタミンAや葉酸も含まれていて、鉄分の吸収を促進する働きがあるといわれています。
　調理をするときに、塩以外のスパイスを使われる方も多いですよね。ペッパーやジンジャー、ガーリックなどこれらは隠し味に必要不可欠なスパイス。血行を促進してくれる働きがあり、火星と親和性があるといわれています。
　人は口に食べたものでできているといわれます。口から入ったものは胃で消化され、各臓器に取り入れやすいように形成され運ばれていき、細胞を活性化させエネルギーに変えてくれ、生きていくことの一端を担ってくれています。
　何かを食べるとき、ちょっと色のバランスにも気持ちを向けてみてくださいね。

III

ハーブと精油が持つエネルギーを覚えよう

① 7天体が司るハーブと精油

太陽 (HOT&DRY)	ハーブ	アロエ、アイブライト、サフラン、アンジェリカ
	精油	カモミールローマン、フランキンセンス、ジュニパーベリー、ネロリ、レモン、スィートオレンジ、ローズマリー、ユズ、アンジェリカ
月 (COLD&MOIST)	ハーブ	チックウィード（ハコベ）、レタス、キャベツ、
	精油	クラリセージ、カモミールジャーマン
水星 (COLD&DRY)	ハーブ	キャラウェイ、フェンネル、パセリ
	精油	ラヴェンダー、マージョラム、フェンネル、ユーカリ
金星 (COLD&MOIST)	ハーブ	タイム、ヴァーベイン、フィーバーフュー
	精油	ローズ、ゼラニウム、マートル、ペパーミント、タイム、コリアンダー、クロモジ、パルマローザ
火星 (HOT&DRY)	ハーブ	タラゴン、ホップ、ガーリック
	精油	バジル、ブラックペッパー、ジンジャー、パイン
木星 (HOT&MOIST)	ハーブ	リンデン、メリッサ、ダンディライオン、オレガノ
	精油	ジャスミン、メリッサ、シナモン
土星 (COLD&DRY)	ハーブ	シェパーズ　パース（ナズナ）、マーレイン
	精油	サイプレス、クミン、サンダルウッド、ヒノキ、パチュリー

② 7天体×12サインで見る対応ハーブと精油

**7天体のハーブと精油を12サインに応用
支配星座だけでなく対向にも要注意**

それぞれの星座には支配星があります。その支配星はギリシャ神話の神々からキャラクター化され、メッセージを含んだものも少なくありません。17世紀までは土星までを使っていましたので、トランスサタニアンである天王星・海王星・冥王星はハーバルアストロロジーの基となったメディカルアストロロジーでは対応がありません。本書では7天体での紹介となります。

天体のメッセージは心身のバランスを取って、これからの人生を前向きにしていくということがテーマとなります。不調を感じたときのサポートですので、案外自分の持ち味である星座のメッセージは過分に補われているということがあります。自分のことは意外とわからない、認識がしにくい分野でもあるのです。

そのようなときは、反対に位置する星座のハーブや精油を使うとバランスが取れます。これが「シンパシイ」、「アンティパシイ」と呼ばれるもので、12サインの対向にあるサインはちょうど反対の要素がうまく組み込まれています。その論理を使ってバランスを取るということ、または補うということにフォーカスしていただけるとよいと思います。

＜シンパシイとアンティパシイ＞

牡羊座 ♈	←＊→	天秤座 ♎
牡牛座 ♉	←＊→	蠍　座 ♏
双子座 ♊	←＊→	射手座 ♐
蟹　座 ♋	←＊→	山羊座 ♑
獅子座 ♌	←＊→	水瓶座 ♒
乙女座 ♍	←＊→	魚　座 ♓

牡羊座 Aries

シンプルな行動は相手に驚きと負担を与える
調和を取る大人の対応が求められる

　ポジティブサイン、活動宮、火の元素、そして支配星に火星を持つ牡羊座は純粋で行動力に長けた性質や行動を取り、誰よりも早く始めることに意義を見出すことがキーワードとなっています。

　太陽が牡羊座にある人はもちろん、ほかの天体が牡羊座に入っている人も、このキーワードがつながっていくでしょう。

　例えば、水星が牡羊座にあったら、とてもストレートに物事を考え伝えていくことに意義を感じるでしょう。

　金星が牡羊座の人にとっての恋愛の在り方はとてもスポーティな感覚で爽やかな、または直球勝負のようなラブアフェアを好む傾向が少なくないのではないでしょうか。

　行動パターンはいたってシンプル。時にはシンプル過ぎて誤解を招くこともあるほどの純粋さ、また、時には逆に対する相手にとっては驚きであったり、負担にさせてしまったりするかもしれません。自分にとっては当たり前のことでも、相手にとっては負担になっているということをはかりかねることがあるかもしれません。

　人は自分の行動、そして幼少期の過程のパターンを一般常識とする傾向があります。それは誰しもいえることです。幼少期は生活圏が例外を除いて、家族という身近な人の動きで、最初の社会構成を認識するからでしょう。良くも悪くもこのころのパターンはその人にとって常識化していきます。

　自分のなかにあるものは、わかりにくいのが特徴です。

迅速な行動開始を美徳とする牡羊座にとって、マイナスな面が出るとしたら、「早とちり」や「完成・結果を重要視しないスタート」です。火星のパワーが満載なので、スタートと行動あるのみというのはおのずと意識しなくても取り掛かれる行動パターンです。ですが、もうちょっと考えて行動を起こした方が、結果も良くなるかもしれません。そのエネルギーを大切にしつつ、冷静さを保つためには対向の天秤座の作用が必要なことが出てくるでしょう。調和を取るという少し大人の対応が必要かもしれません。

　牡羊座の身体的対応は頭部だといわれています。より良く頭を使って行動するということがテーマとなります。

牡羊座が象徴するハーブと精油

　牡羊座的にはジンジャーやブラックペッパー、バジル、マスタードが象徴されますが、本当に必要なのは対向するサインである天秤座のスピリットを持つゼラニウムやローズ、ミント類かもしれません。金星的な精油でマッサージをしてもらったら、はやる気持ちに優雅さが加わり、もっと周りの信頼も得てスムーズに物事が進んでいくでしょう。

　ストロベリーやピーチも心の優雅さをサポートしてくれます。たまにはストロベリーのたくさん入ったショートケーキやフルーツの盛り合わせも取り入れるようにしてください。

　「急がば回れ」それが牡羊座にとっての成功への近道です。

★牡羊座の対応身体部位
- 頭部
- 顔上部

牡牛座 Taurus

グルメでお洒落なのは感覚が鋭いから
ネガティブ思考で身も心もガチガチにならないように

　ネガティブサイン、不動宮、地の元素、支配星に金星を持つ牡牛座のキーワードは「感じることの大切さ」です。それはいわゆる五感に相当します。目で見ること、感じることの視覚、聞くことで感覚を研ぎ澄ます聴覚、良い香りを感じる嗅覚、肌触りの良さを感じる触覚、そして美味しいものを美味しいと感じる味覚など、心を喜ばせることが大好きな、そしてそれがテーマとなっていきます。

　太陽が牡牛座の人は一般的にグルメやお洒落が多いともいわれているのは、そんな感覚を大事にするからでしょう。

　ほかの天体が牡牛座にあるときは、その天体のテーマが牡牛座的になっていきます。例えば、火星が牡牛座にあれば、その行動動機はやはり五感にそぐわないと良しということにはなりにくいといいます。実質的な結果が出そうにないものには手を出そうとしない傾向もあります。「石橋を叩いて渡る」というより、考えに考えた結果、石橋を叩き過ぎて壊してしまい前に進むことができなくなってしまうこともありがちになります。

　金星は牡牛座の支配星でもあるので、とても品位が高いと称されることもあります。

　身体の対応部位は口や鼻、耳など五感を感知するところと頚椎です。頚椎は神経系のとても重要な部分です。すべての五感はこの要素から成り立っているのかもしれません。

　牡牛座はその感性の高さから、審美眼を持ちますが、それが行き過ぎる

とそのことだけにとらわれ過ぎて、身も心もガチガチになってしまう傾向もあるでしょう。損得を考え過ぎて、ネガティブ思考になったら、ちょっと気持ちを起動させるハーブや精油のサポートを飲用したりブレンドオイルを作ってマッサージをしたりするのもオススメです。

このような場合、やはり対向の蠍座のエネルギーを分けてもらいましょう。

蠍座は火星が支配星になっていますが、牡羊座の火星の意味合いとちょっと異なってきます。牡羊座はスタートダッシュの火星ですが、蠍座はそこにネガティブ、地の要素が加わりますので、じっくり考え行動する牡牛座の起動力と親和性がある要素が多分にあります。

牡牛座を象徴するハーブと精油

バジル、ブラックペッパーなどを牡牛座の支配星、金星対応の精油にブレンドしたりするとよいでしょう。

金星的な精油にはローズや、ゼラニウムがありますが、そのなかにほんの1滴加えてみます。

「ローズにブラックペッパー？」と思われるかもしれませんが、実はよりローズを引き立ててくれます。ゼラニウムとのブレンドにもオススメです。ゴージャスでフローラルで明るい香りをほんの少しの火星の精油の香りが大人っぽく引き締めてくれます。

落ち着いたなかにさっそうとした起動力を兼ね備えたブレンドが、いま一つ踏み出せないでいるあなたの背中を押してくれるでしょう。

★牡牛座の対応身体部位

耳　口　首　頚椎　甲状腺

双子座 Gemini

情報収集の得意なメッセンジャー
手にした情報の取捨選択が大切

　ポジティブサイン、柔軟宮、風の元素で、支配星が水星の双子座の一番のキーワードは「メッセンジャー」でしょう。多くのことを知りたがり、情報収集を得意とし、学ぶことが大好きな星座が双子座です。フットワークも良く、若々しく行動力に富んだことがテーマであり、キーワードとなります。

　「マーキュリー」と呼ばれるこのギリシャ神はサンダルに翼をつけて飛び回っています。支配星である水星自体の公転周期が短いので、このフットワークの良さがキーワードになっているのだと思います。

　双子座の金星は、学ぶことに喜びを見出すでしょう。情報を得るのも的確で上手な傾向にあり、ますますレベルアップし、学ぶこと自体の楽しさを体感することができるでしょう。

　双子座の火星は、仕事にその情報収集の見事さと、活用の方法で他者からの信頼を得ることもあるでしょう。

　双子座の月は何でもかんでも情報を集めたい、知りたいという願望をいつも心の奥に潜めて行動するでしょう。

　双子座の太陽はそんな要素を総合的に自然に身につけています。

　しかし、こんなフットワークの良さで飛び回ることも、過激に出ると、たんなる「軽さ」にしか見られない事態を引き起こすことがあるかもしれません。

　りりしくきびきび動いているうちは若々しくてよいのですが、無駄な情報を集めたり、また他者に伝えたりする行動が顕著になると、たんなるゴシップ好きな人というレッテルを貼られてしまうかもしれません。集めた情報は

整理しつつ、きちんと自分のものにして他者に伝えていきましょう。

双子座を象徴するハーブと精油

　双子座をサポートする代表的なハーブと精油はマージョラムとラヴェンダーです。

　双子座は肩、両腕、肺、神経系を支配します。コリやすい肩などの解消にマージョラムやラヴェンダーは最適です。

　ベジタブルオイルとマージョラムやラヴェンダーの精油（コリを解消する鎮痛作用・鎮痙作用があります）をブレンドしてマッサージオイルとしてマッサージをするのはとても効果的でしょう。

　また、マージョラムはハーブとしても手に入れやすいので（生でもドライでも）、肉料理や魚料理のときに香味づけとして利用されるのもお手軽です。肉を柔らかくして臭みを取ってくれます。

　気分的に落ち込んだときは、対向サインの射手座のハーブや精油を利用するとよいでしょう。ジャスミンやメリッサ（レモンバーム）の香り高いハーブは、行き過ぎた気持ちをセーブして、元の状態に戻すサポートをしてくれるでしょう。

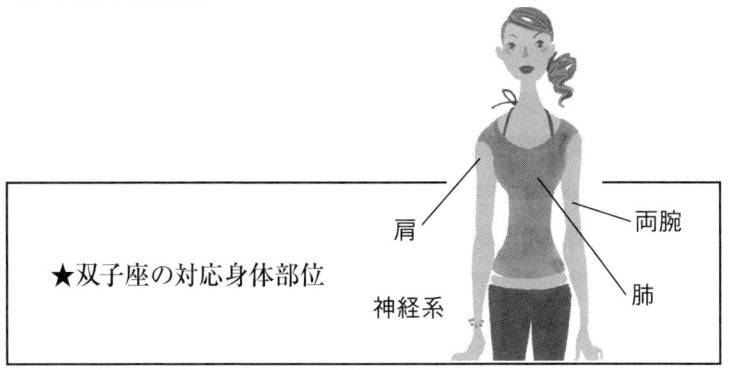

★双子座の対応身体部位
肩
両腕
肺
神経系

蟹座 *Cancer*

誰よりも強い母性愛は他者を排除してしまう危険性も

　ネガティブサイン、活動宮、水の元素、支配星に月を持つ蟹座のキーワードは「感情」であり、「母性」です。

　太陽系のなかでただ一つ月だけが太陽の公転ではなく、地球の周りを回っています。もし、月がなかったら地球は人類や植物が住める環境にならなかったといわれています。そんな月は私たちに季節が移り変わるということも与えてくれています。季節の移り変わりは毎日の単調さを払拭しリズムあるものにしてくれています。しかし、現在の私たちは便利さというものと引き換えに、季節の移り変わりや時間の観念を忘れがちな状況を自ら作り出してしまっています。

　月のキーワードである感情が痛めつけられているということは、自然のリズムを感じられなくなっているときなのでしょう。蟹座は支配星に月を持つので、特にその要素が強いかもしれません。

　母性から、家族や同じ志を持った仲間をとても大切にします。それもただ甘やかすのではなく、きちんと教育もしてくれるでしょう。教育法はいろいろあると思いますが、根底に愛があるのは確かです。

　しかし、愛するあまり家族・仲間は大切にしますが、過激に出ると関係のない他者を排除するというマイナーな一面も持っています。それは愛する者を守るということの現れなのですが、もう少し大人の感覚を必要とされることがあるかもしれません。そのときは、感情の赴くままにということだけでなく、周りにも注意を払うということに気をつけましょう。

蟹座を象徴するハーブと精油

　蟹座は胸や子宮、胃を支配するといわれています。他者のために気を遣うとストレスを溜め、胃や子宮のトラブル（月経不順など）になりやすいといわれています。
　そんなときには、気持ちを鎮静化させるCOLD&MOISTのハーブや精油がオススメです。
　キャベツやレタスは冷やす働きがある立派なハーブです。キャベツに含まれる要素は、胃のトラブルを回避してくれる成分がたくさん含まれていますし、肉料理などを食べ過ぎたときに起こる過激な造血で起きるトラブルを鎮静化させてくれる働きがあります。トンカツを頼むとキャベツの千切りが付いてくるというのは、実はとてもよくできた付け合わせなのです。
　クラリセージは月経痛やPMS（月経前症候群）の改善のサポートをしてくれる精油です。
　行き過ぎた独占欲などには対向のサインである山羊座のものがオススメです。気持ちを落ち着かせるということで、サイプレスやサンダルウッドがよいでしょう。何事にも過度な対応は禁物です。

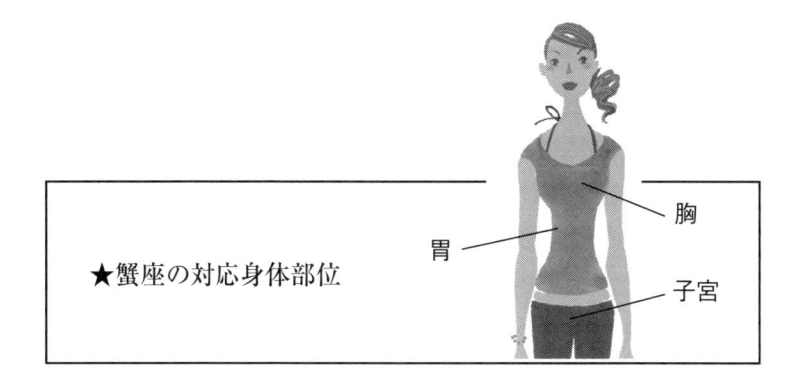

★蟹座の対応身体部位　　　胃　　胸　　子宮

獅子座 *Leo*

華やかさと堂々とした対応ができる
典型的な王様・女王様タイプ

　ポジティブサイン、不動宮、火の元素、支配星に太陽を持つ獅子座は何事も堂々としています。他者の前に出ることや上に立つことを人生の目標にしている人も少なくないでしょう。隠し事はないのですが、正直過ぎて他者の反感を買うことも少なからずあるのではないでしょうか。主張することは間違ってはいないのですが、場の空気が読めないということも起こりがちです。

　獅子座に太陽がある人の行動はとても目立つ人が多いので、人の前に立つ仕事が向いているともいわれています。作り出すことにも情熱を注ぐので芸術家や作家、俳優なども適職でしょう。

　獅子座に水星がある人は表現もわかりやすく、きらびやかな方法を取る人が多いでしょう。

　金星も華やかさがキーワードになることが多いでしょう。

　火星も堂々とした態度で邁進することでしょう。

　すべてにうそ偽りがなく、堂々としていて気持ち良いくらいなのですが、その反面、他者がついていけない状況になることも少なくないのではないでしょうか。マイナーに働くと独りよがりという状況が生まれやすくなります。気がついてみたら一人ぼっちだったとか、それは獅子座のエネルギーがマイナーな意味での王様気質・女王様気質になったときに起こりがちになるでしょう。立派な王様・女王様は他者があってのトップです。そのことを無碍にしたとき、起こりうる出来事はほかのサイン以上に獅子座は落ち込みもただものではなくなってしまうことがあります。

獅子座の支配する身体部位は心臓と背中になります。心臓は人のバイタルを司る中心的臓器です。また、背中もその人の感情を表現します。堂々とした背中はある意味とても美しいオーラを発散していることでしょう。

獅子座を象徴するハーブと精油

　誰でも心に太陽を持っています。
　その太陽をいつも輝かせていくためにサポートしてくれるハーブや精油は柑橘系の爽やかな香りを持つハーブや精油だといわれています。気持ちが落ち込んだときに、オレンジやグレープフルーツなど柑橘系のフルーツで元気になった人も多いのではないでしょうか。
　また、神（＝太陽）に捧げた植物も太陽対応ということになります。幼子イエスの誕生時に贈られたフランキンセンスとミルラは代表的です。菊の種類（カモミールなど）や黄色の花も太陽対応になります。気持ちがスッキリしないときに黄色の花を飾ることも気持ちを晴れやかにしてくれるでしょう。
　太陽エネルギーを過激に発散すると、周囲を焼き尽くしてしまいます。そのときは水瓶座（伝統占星術では土星になります）の対応ハーブや精油のクミンやサンダルウッドがオススメです。あなたの太陽を輝かすため、いつもハーブや精油はスタンバイしているのです。

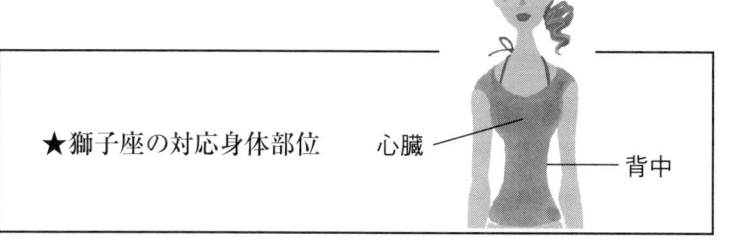

★獅子座の対応身体部位　　心臓　　背中

乙女座 *Virgo*

「癒し」が人生のテーマとなるが自虐的な行動に走らないように注意

　ネガティブサイン、柔軟宮、地の元素、支配星が水星の乙女座は、他者のためにということが加味され、物事や人を分析し、自分はどうしたらよいかといったことから生まれるテーマがキーワードとなっていきます。他者のために「癒す」という言葉が出てくるのも乙女座の特性でしょう。

　他者のためにきちんとした考えを持ち、分析しているにもかかわらず、過度に出ると知らず知らずのうちに自分自身を抑え、自虐的な行動や言動になることに注意しなくてはいけません。

　乙女座に水星がある人は、伝え方がほかのサインより優しさということが根底に含まれていることでしょう。

　乙女座の金星も「人を喜ばせること」が好きな人が多いでしょう。ですので、恋した相手が自分の従来のファッションとは違ったタイプが好きだとわかると、相手好みになるといったことも安易なことだと思います。

　惜しみない愛を与えますが、知らず知らずのうちに自分の容量を超えないよう注意しましょう。キャパシティが大きいのでつい果敢に出てしまうかもしれませんが、それはそれでどうやって対応するべきかという分析も乙女座に天体を持つ人には必要かもしれません。

　乙女座の支配する身体部位は腸などの下半身になります。腸が弱いというわけではなく、何かあったときに、例えば他者に気を遣い過ぎて腸が過敏に反応してしまうということもあるのではないでしょうか。

　このような兆候が出たら、ちょっと過度な行動に出ていると思ってもよ

いかもしれません。自分でも気がつかないうちに体が反応し始めたと思ってください。

乙女座を象徴するハーブと精油

　他者に気を遣い過ぎることによる身体の変調が出たら、ちょっと立ち止まって一休みしましょう。フェンネルのハーブと精油は整腸作用がありますので、マイルドに回復に向かわせてくれるでしょう。
　また、乙女座にとって代表的なハーブはラヴェンダーです。香りの効果と共に、こわばった体や心を解きほぐしてくれるでしょう。精油はブレンドでマッサージオイルを作ってもよいでしょう。
　マージョラムも心と体の緊張を解きほぐすサポートをしてくれるでしょう。
　ラヴェンダーは単品でもよいのですが、スィートオレンジやグレープフルーツ、マージョラムとブレンドするのもオススメです。
　過度なお世話は人のためにあらずということも、気持ちの片隅において行動すること、それが乙女座の使命かもしれません。

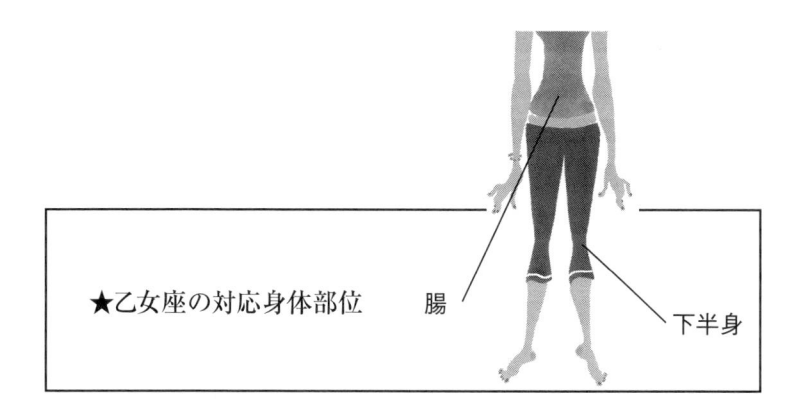

★乙女座の対応身体部位　　腸　　下半身

天秤座 Libra

美なるものへのセンスと感度の高さ
相手に対する要望が強くなると危険

　ポジティブサインで、活動宮、風の元素、支配星に金星を持つ天秤座は「調和と美」をキーワードとしていることが多いでしょう。

　天秤のマークは裁判所のマークでもあります。きちんと調和を取れることを良しとする天秤座の調和はあいまいなことは論外となるでしょう。他者と自分がどう関わるか、どうバランスが取れるかを無意識に行動や思考の根底に入れていく傾向があります。しかし同時に相対するものを対等に評価し、周りとの調和も気遣っていくので、おおむね周りとは調和の取れた良い関係性を築いていくことでしょう。

　金星がある人は、美しさに敏感に反応し美的表現を心がけます。美しいものに接することが大好きですし、それを今生の喜びとして堪能するでしょう。

　水星が天秤座にある人は、美しく伝えたりすることを心がけたり、美を学ぶことが好きな人が多いでしょう。

　天秤座の火星は、しなやかな態度で仕事をしていく傾向にあるでしょうし、木星はその美に広がりを見せるでしょう。土星は伝統的な美しさを求めていくことでしょう。ファッションもアバンギャルドではなく、誰から見ても美しいと感じさせる装いが好むでしょう。

　天秤座の太陽は、バランスの取れた美しさや愛情表現を好みますが、その反面、「私がこれだけしたのだから、あなたもこれくらいはして欲しい」という欲求を持つこともあるかもしれません。そうすると本末転倒になってしまいますので気をつけましょう。

特に恋愛に関しては、過度にそのスタンスが出るとせっかくのあなたの魅力も半減するどころか、相手に伝わりにくくなります。大事な人に自分の気持ちがしっかり伝わるように、相手の立場も大切にしましょう。

天秤座の対応身体部位の代表的な個所は腎臓と背中の下（腰の上）になります。腎臓は体中の不要なものや余分なものを尿として排出する機能を持った重要なところです。排泄が悪くなるとバランスを崩しがちになるので注意してください。

天秤座を象徴するハーブと精油

自分のなかのバランスが悪くなったと感じたら、ハーブなどの助けを借りて改善しましょう。

あくまでも大人としての調和がキーワードになりますが、ちょっとマイナーな傾向に出てしまったときは、金星対応のハーブや精油の助けを借りましょう。

金星対応のハーブと精油の代表的なものはローズとゼラニウムです。どちらもとても華やかな香りを持っているので、張り詰めた気持ちを落ち着かせてくれるのに役立つでしょう。

ハーブティーでも召し上がれますし、ベジタブルオイルと精油をブレンドしてマッサージをしてもよいかもしれません。それもセルフマッサージでなく、ちょっとゴージャスなトリートメントサロンなどでプロの手で癒されてください。美しく洗練された態度はあこがれの大人となり、そのキーワードを持つのが天秤座なのです。

★天秤座の身体部位　　腎臓　副腎　臀部

蠍座 ♏ Scorpius

自分の欲望を大切にして燃やし続け 変容をおそれないバイタリティーの持ち主

　ネガティブサインで、不動宮、水の要素、支配星に火星と冥王星を持つ蠍座のキーワードは「死と再生」、「変容」などの願望を奥底深いところで持ち続けるエネルギーを持っています。

　一見、地味で怖そうですが、他者と比べて何かをしたい、何かが欲しいということではなく、自分の欲望・願望に忠実で密やかにその願望の炎を燃やし続けます。

　蠍座の水星は、物事をよく考えて、どう伝えるかも考えてから伝えるでしょう。

　蠍座の金星は、その喜びの原点をセクシーさに求めることも少なくないでしょう。

　蠍座の火星はやはり同じ火星の支配星を持つ牡羊座とはニュアンスは違ってきます。牡羊座が外へ外へと行くのに対し、蠍座の火星は内へと向かうことが多いでしょう。そのため、自分の心の奥へ潜みます。何が必要で何が必要でないかの見極めが早いでしょう。

　蠍座の木星は探求することで広がりを見せていく傾向があるでしょう。

　土星は深いところの思考をより注意深く掘り下げていくことでしょう。

　そんな要素をちりばめた蠍座の太陽は、砂漠の地下水を命の糧として潜む蠍のように、絶えず熟考しているかもしれません。

　蠍座の代表的な対応身体部位は、男女共に生殖器と排泄器官になります。これらの臓器は人が繁栄するために、存続するために特に象徴的な部位だということはおわかりいただけるでしょう。双方の生殖器は存在そのものが繁栄です。また、あるものが別のものと出合い融合して一

つのものを生み出す、そこには一種の変容の行程が存在します。これは錬金術の考え方に似ていなくもありません。人の体も魂も絶えず変容し続けていますし、それを望んで「生きる」というプロセスにつながっていくのです。

蠍座を象徴するハーブと精油

　もし、バイタリティーの源であるエネルギーの枯渇を感じたら、火星対応の植物であるジンジャーやブラックペッパーを少し摂り入れてみましょう。料理のスパイスに応用してもよいし、ブレンドオイルへの1滴でも効果を感じられるでしょう。そのときは、柑橘系の香りのする精油やフラワー系の精油がオススメです。

　また、奥底深く湧き出すエネルギーを持て余しそうになったら、対向の牡牛座の支配星である金星のハーブや精油が気持ちを落ち着かせてくれるでしょう。蠍座の対応ハーブと精油は火星を使います（伝統占星術では冥王星は使いません）。

　奥底から湧き上がる蠍座のエネルギーは時として周りにとってはネガティブになりかねません。せっかくの魅力も相手にとっては脅威であり威嚇になってしまいます。

　そのエネルギーをコントロールできたとき、蠍座の真の魅力は周りにとって極上のものを発信することが出来始め、そしてそれを手中に入れることができるでしょう。

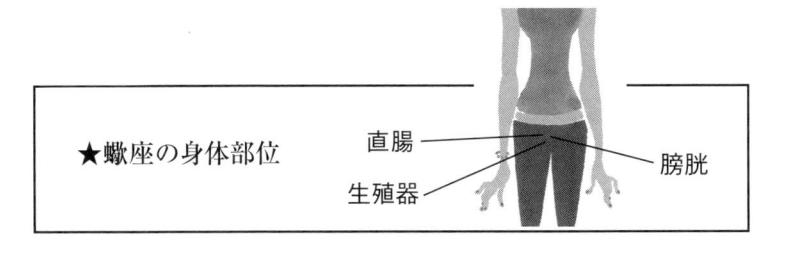

★蠍座の身体部位　　直腸　　膀胱　　生殖器

射手座 Sagittarius

ダメとわかった場合の方向転換も早い
悪く出ると飽きっぽさとなる

　ポジティブサイン、柔軟宮、火の要素を持ち支配星は木星の射手座は、大きな心を持って高みを目指します。英語で「ジュピター」、ラテン語で「ユピテル」、ギリシャ語で「ゼウス」の名を持つ「DIO」は神々のなかの神であり、たくさんの神の子の父でもあります。広範囲の行動力と宗教心、哲学的思考を持っていますが、行き過ぎると拡張・拡大が目立って収拾していくのが大変になることも少なくないでしょう。

　本当の真実を求めるために、苦労も厭わずと思いきや、ダメとなったら方向転換も早いのが特徴です。「まぁ、いいか」という気持ちが強いので深追いする気持ちも浅く、思いつめることはない傾向にあるでしょう。それが良いか悪いかは別ですが。

　射手座の月は感情が常に大きな目標に向かっていく心意気を大切にするでしょう。

　射手座の水星は広範囲のコミュニケーションを得意とするでしょう。外国語などにも縁がある人や得意とする人が多い傾向があるでしょう。

　射手座の金星はハンター的素質がある傾向があり、喜びも身近なものより遠くのものに憧れる傾向が強いでしょう。

　火星も同じく、仕事でも困難とも思える仕事も何とかしようと目指します。そのなかに哲学的意味を見出す方も少なくないはずです。

　木星があれば、それはそれでとても品位が高い行動をされることでしょう。

　土星はその性質から物事を客観的に見られるスタンスが強い人が多いでしょう。

そんな要素の数々を総合して持っている射手座の太陽は、かなりソフィスケートされたスピリットを持った星座です。
　ただし、何事もほどほどにということもキーワードになります。高みを目指すのは素晴らしいことですが、あれもこれもと欲張り過ぎて途中で放り出さないという注意も必要です。
　身体部位の対応の代表的な部位は肝臓です。物事がうまくいかないからといって、アルコールの多飲や暴飲暴食には注意が必要とされます。体内のすべての毒素も最終的には肝臓に集結します。古代の人々がその肝臓で病変を特定していたという臓器です。多くのことの結果は最終的にはこの部位に集まりそして浄化されますが、とても重要な臓器なので痛めないように、傷める前にケアしましょう。

射手座を象徴するハーブと精油

　気持ちも体も疲れる前に、木星対応のハーブで癒しましょう。
　特徴としては香りの高いハーブや精油に親和性があります。蔓を大きく絡ませて伸びるジャスミンや大きな枝を拡げるリンデン（菩提樹）、スクスクと生育するメリッサ（レモンバーム）などです。精油はちょっと高価なのが難点ですが、その芳香は素晴らしいものがあります。
　ハーブティーは比較的気軽な価格で入手が可能です。どちらでもそのときの気分で選んでください。ちょうど良い開放感を味わわせてくれるでしょう。

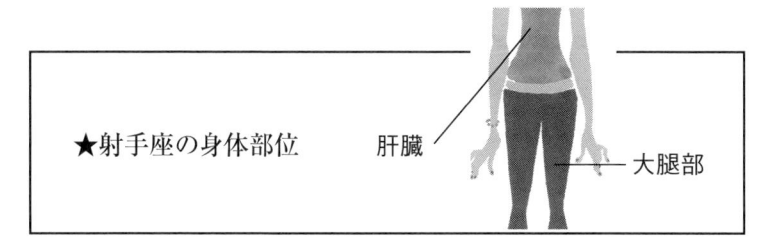

★射手座の身体部位　　肝臓　　大腿部

山羊座 *Capricornus*

生真面目さとひょうきんさの二面は
バランスを取ろうとするあらわれ

　ネガティブサイン、活動宮、地の要素、支配星に土星を持つ山羊座は「秩序」と「ルール」がキーワードとなる考えを持つ方や無意識に行動される人が多いでしょう。土星は真面目な星であり、客観性や時間の観念を大切にしていきます。

　とても几帳面なところがあるかと思えば、逆に社会のモラルを良い意味で均衡をとろうとするせいか、自ら指し水的に潤いを与える行動をすることもあり、生真面目なところばかりでなく、ひょうきんな一面も持ち合わせた人が少なくありません。

　またこの人に任せておけば安心ということを感じさせるサインですが、逆に執着すると融通が利かない頑固さも持ち合わせています。このあたりを認識していれば、世の中の秩序は守られるということかもしれません。

　山羊座の月はいつもきちんとした性分で、対人関係もきちんとしていることが多いでしょう。そうすることが当たり前なので、ネガティブに出ると相手に対してもそれを要求しがちになったりするので気をつける必要があります。

　金星もどちらかというと喜びや美しさを求める先も伝統に裏づけられたような様式美を求めることもあるでしょう。

　火星的に象徴される行動もきちんとルールを守った社会性をベースにのっとった行動に出る傾向があるので、安心できるというところが少なからずあるではないでしょうか。

　山羊座の身体対応部位は骨格、骨、皮膚になります。また人が人とし

て生きるときのイメージとしての全体像を支配します。骨格などは社会全体などとリンクし想像させます。

山羊座を象徴するハーブと星座

　山羊座を象徴する植物も土星に親和性があるものが多くなります。
　サイプレスやサンダルウッド、クミンなどで比較的長いサイクルで生育する植物が多いのが特徴です。コーンフリーというハーブも土星対応です。このハーブは「ニットボーン（骨接ぎの木）」と呼ばれ、骨折の治療に使われていました。現在は含まれる成分が肝臓に良くないということで、日本では輸入禁止になってしまいましたが、低希釈率で含有している軟膏がありますので、それは認可を受けているので大丈夫でしょう。骨の再生を助けます。しかしハーブティーなどでの飲用は禁忌となりますので注意してください。
　山羊座は全体的にかなり真面目な傾向がありますので、コチコチになり過ぎたら、対向のハーブや精油を使うようにしましょう。
　対向の星座は蟹座になります。冷やす働きがあるのですが、山羊座はCOLD&DRY なのに対し、蟹座は COLD&MOIST になります。きっと、ドライになり過ぎて、潤いが必要になるということでしょう。水分の多い野菜なども蟹座の月の領域になりますので、みずみずしい野菜の摂取を心がけるとよいかもしれません。

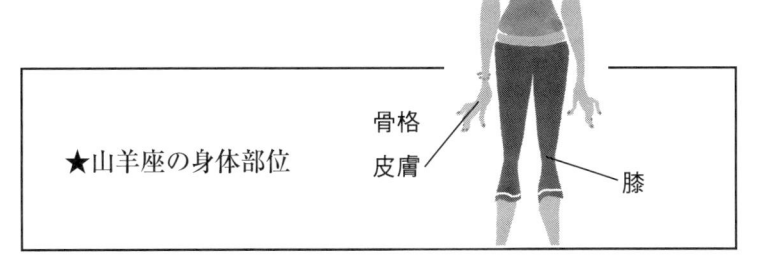

★山羊座の身体部位
骨格
皮膚
膝

水瓶座 Aquarius

新たに湧き出るエネルギーによる「改革」
時として「変わり者」と見られるかも

　ポジティブサイン、不動宮、風のエレメントを持ち支配星は土星と天王星の水瓶座は、天王星が正式に発見、記録観察されたのがちょうどフランス革命などが勃発した時期のころなので、「改革」という言葉がキーワードになっています。

　伝統占星術では山羊座と同じ土星を支配星として持っていますが、その意味は少し異なるでしょう。水瓶座の土星は、山羊座が夜の土星であるのに対して、昼の土星になります。その意味合いからしても、自分のなかにある秩序の充実ということ以上に、水瓶座は「もっと多くの人との」というテーマがついてきます。静から動への転換です。そのなかで「改革」というキーワードにつながっていくのでしょう。

　新たに湧き出るエネルギーを象徴します。それが時には変わった人、先に行き過ぎている人といった評価になるかもしれません。ちょっと時代と自分のバランスが取れなくなってしまうことになるかもしれませんが、それは新たなことを目指しているからということにつながっていくのです。

　水瓶座の月は、いつも「変わりたい」という願望を持っているでしょう。

　水瓶座の水星は、伝えることに人とは違った何かを求め探し続けているでしょう。

　水瓶座の金星も、独特なもの個性的なものを愛します。

　水瓶座の火星は、アバンギャルドな行動を起こしがちでしょう。

　水瓶座の木星は、広がりのなかにも個性を求め続けるでしょう。

　水瓶座の土星は、アイデンティティを独自のものとして探求し続けて

いくことでしょう。こういった要素を含んで、水瓶座はいろいろな物事を改革して進んでいきます。

　集団のなかでは、ピンポイントに入れば英雄になりますが、度が過ぎると孤立してしまいがちになるのではないでしょうか。

水瓶座を象徴するハーブと精油

　伝統占星術では土星ですが、対応するハーブに天王星のイメージをうかがい知ることもできます。発見された当時のヨーロッパはまさに改革の嵐が吹き荒れている時代でした。王侯貴族の特権意識は庶民にとってはとても耐え難いものであったでしょう。人々は段々とその不合理に気づき始めていきました。その不合理に気づくきっかけになったのは情報の伝達システムの発展と改善によるところが大きかったと思います。人はその環境にいるとその場のことしかわからない状態になります。

　しかし、情報伝達の改革はやがて人々の意識の改革も誘導していきます。土星対応の精油にクミンがあるといわれています。ちょっとスパイシーな香りのするこのハーブ（精油）は、意識の変化を感じるのにとても親和性があるのを感じます。土星のなかの改革精神です。

　対向の星座は獅子座です。ちょっと落ち込み気味になったら、太陽対応のハーブや精油を使ってみましょう。改革心を持ったリーダーとなるためには、根底の部分も理解しないと真のリーダーとしての地位は揺らいでしまうのではないでしょうか。クミンとシトラス系の精油はそんな気持ちをリカバリーするサポートをしてくれるはずです。

★水瓶座の身体対応部位　　静脈　　脚

魚座 Pisces

やさしい感性を持つロマンチスト
度が過ぎるとつかみどころがないと見られる

　ネガティブサイン、柔軟宮、水の要素、支配星に木星と海王星を持つ魚座のキーワードはその要素そのまま、「ロマンチック」という言葉が少なからず当てはまると思います。ホワホワとしたやさしいイメージ、感情的にも敏感で素晴らしい感性を持たれる人が少なくないと思います。

　やはり、木星を支配星に持つ射手座とは要素が微妙に違ってきます。それは構成されている要素が異なるのですが、神のなかの神に守られ多くの発展拡大をテーマとしていくでしょう。高みを目指すというより、広くロマンを広げていくというイメージです。度が過ぎると境界線を超えるというより、境界をなくしてしまうので、つかみどころがなくなってしまうことも少なくないのではないでしょうか。

　そんな要素を含んだ魚座の月はロマンチックな感情を大切にし、繊細に働いていくでしょう。

　水星は伝えるという意味もファンタジーを持っていくことがテーマになるでしょう。

　魚座の金星はとてもロマンチックな恋にあこがれるということも少なくないでしょうし、火星は夢を持って突き進んでいきます。

　木星や土星もその根底にはロマンチックな夢や理想を多く含み邁進していくのではないでしょうか。生きるためにはとても必要な要素ですが、過度にこの要素が出てしまうと、現実的には受け入れてもらえなくなる危険も出てくるでしょう。夢を持ち語ることはとてもステキなことですが、現実にならなければそれは夢物語で終わってしまいます。

対応身体部位は足になります。足は体を支えるだけでなく、多くの反射区を持っているところ、そこが魚座の対応となります。結局はいつでもどこでも私たちをリカバリーさせてくれる重要なキーパーソンやキーワードを持っているところなのかもしれません。

魚座を象徴するハーブと精油

夢をきちんと実現したいときには、木星の対応ハーブや精油で気持ちを仕切りなおしてもよいかもしれません。

オススメはメリッサです。ジャスミンも木星対応ですが、場合によっては魚座の気質を助長させそうなので、メリッサの方が魚座の人にはオススメのような気がします。メリッサは別名「レモンバーム」とも呼ばれるハーブで、ハーブティーとして飲んでいただいてもとてもスッキリさせてくれるハーブの一つです。簡単に栽培することもできるので自宅で育ててもよいかもしれません。よく育つハーブのわりには蒸留法では少ししか採取できないので、かなり高価な精油となります。

対向サインの乙女座のハーブや精油を意識するのも一つの方法です。伝えるということをテーマに持つ水星を支配星に持つ乙女座のハーブと精油は、ラヴェンダーとマージョラム、フェンネルになります。気持ちが浮ついたときにはマージョラムやフェンネルが魚座の気持ちを落ち着けサポートしてくれるでしょう。気持ちが拡大し過ぎて収拾がつかなくなってしまったときは、ラヴェンダーで一度鎮静させていくのもよいかもしれません。

★魚座の身体対応部位　　足　　内分泌　リンパ腺

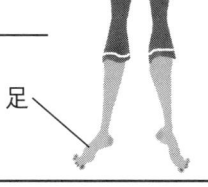

入門者からマニアまで幅広く
オススメしたいハーブと精油 55

　次頁から私がオススメするハーブと精油を紹介していきます。
　どれも身近で手に入るものばかりですので、「はじめてなのでどれを選べばよいかわからない」という人にとって一つのアドバイスになるものと思います。
　また、ブレンドしやすいハーブと精油も解説していますので、さらにステップアップしたい人は是非試してみてください。
　なお、繰り返しになりますが、本書は医療の代わりに使用するものではありません。個人の体質やコンディションによっては健康に障る可能性もありますので、注意事項と禁忌をよくご確認の上、必要に応じて医療従事者や専門にトレーニングを受けたセラピストにアドバイスを仰ぐことをオススメします。

アイブライト

科名：ゴマノハグサ科
学名：*Euphrasia rostkoviana*

No.1

支配星：太陽 ☉

＜香りの特徴＞

芳香植物ではありませんので、特にこれといった特徴の香りはありません。どちらかといえばちょっと苦い草の香りを感じられることでしょう。

＜心身に対する働き＞

一般的に西洋では目の疾患に良いといわれてきたハーブです。花粉症の時期や、日常での目のトラブルの緩和にいろいろと役に立ちます。アイブライト単品のハーブティーを煮出して、火傷をしない温度になったら、ガーゼやコットンを浸して目に当てます。

花粉症で起こる目や周辺のトラブルを緩和するサポートをしてくれるでしょう。軽度の結膜炎などにも使うことはできますが、素人判断はしないでください。もちろん、眼精疲労の温湿布やコンタクトで汚れがちな目のケアにもよいでしょう。アイブライトはその名のとおり、私たちの目に対して大きなサポートをしてくれます。

＊オススメの使い方

ハーブティーとしての飲用、生葉の入手が可能ならサラダもよいでしょう。抽出液で目の湿布などもオススメ。飲用する場合は、単品よりもほかのハーブとブレンドした方が飲みやすいかもしれません。

＊注意事項・禁忌

特にありません。

＊ブレンドしやすいハーブと精油

アイブライトの精油は市場に出回っていません。抽出できたとしても芳香が特に良いというわけではないものは、あまり精油としての活用はないのが普通です。ハーブでの相性が良いのはペパーミントやネトル、レモンピール、オレンジピールなどです。

アロエ

No.2

科名：ユリ科
学名：*Aloe barbadensis*

支配星：太陽 ☉

＜香りの特徴＞

ほとんど香りがありません。少し草の香りがするくらいです。

＜心身に対する働き＞

　太陽の陽を受けて育つアロエは、いろいろな場面で私たちをサポートしてくれています。抗菌作用と細胞成長促進作用があるので、ちょっとした火傷にはアロエの葉のなかにあるジェルを塗ることで傷口を守ってくれるでしょう。日焼けした肌も鎮静させてくれますし、ニキビや吹き出物をこじらせずに治癒する働きがあります。肌に対する効果はいろいろな場面で応用できます。

　また飲用・飲食することもでき、整腸剤や下剤になるともいわれています。

　救急時の対処には迅速に対応できますが、近年、アロエ成分内服のスキンケアのプロダクツもたくさん出回っているので、それを使うのも効果的でしょう。

＊オススメの使い方

キッチンなどに一鉢常備してください。何かのときにレスキューしてくれます。

＊注意事項・禁忌

妊娠期の使用は禁忌です。本書でご紹介しているのはアロエヴェラという種類です。日本の庭や軒下で見かけるアロエはキダチアロエといって、アロエヴェラよりちょっと効用がパワフルになります。同じようにちょっとした火傷や吹き出物の症状緩和に役立ちますが、なかにはアレルギー作用を誘発することもあるので注意してください。

＊ブレンドしやすいハーブと精油

残念ながら精油は市販されていません。皮をむいた下はジェル状になっているので、特に塗布するときには問題はないからだと思います。食用する人もいますが、苦味があります。ヨーグルトに入れてみるのも一つの方法です。ジェル状のところをスキンケアやちょっとした創傷に単品で使われるのが一番良い方法でしょう。

アンジェリカ

科名：セリ科
学名：*Angelica archangelica*

No.3

支配星：太陽 ☉

<香りの特徴>

　全草から比較的強い香りを持ちます。甘さのなかにもちょっときりっとする爽やかな香りを感じられるでしょう。中世ヨーロッパでペストが流行る初期に、患者への症状緩和、治療者たちへ感染予防のために天使たちが贈ってくれたハーブといわれているそうです。成分や種類は異なりますが、東洋では「当帰（とうき）」と呼ばれ漢方医療にも使われています。

<心身に対する働き>

　古代から、強壮作用があるということは知られていたようで、洋の東西を問わず薬用として使用されてきました。

　精油は主に根と種子から抽出されるようで、肝臓や脾臓を強壮させてくれる働きが報告されています。また顕著な抗菌作用や去痰作用もあり、私たちの体を防御し本来持つ免疫力をアップしてくれるでしょう。婦人科系のトラブルにも効果的といわれて、不妊症などの治療に使われているということです。

　身体レベルでの強壮が望められますので、落ち込みがちな気持ちをリカバリーしてくれる働きも望むことができるでしょう。

　太陽の光をさんさんと浴びて育ったアンジェリカは、私たち一人ひとりが持つ太陽をサポートしてくれることでしょう。天使のパワーを受けたいときにオススメです。

＊オススメの使い方

ベジタブルオイルとブレンドして塗布、またはマッサージ、ハーブティーとしての飲用。

＊注意事項・禁忌

妊娠中の使用は禁忌です。パワフルな精油なので、通常時もあまり頻繁に使うのは避けましょう。

＊ブレンドしやすいハーブと精油

ラヴェンダー、カモミールローマン、マンダリン、フランキンセンス、ゼラニウム

ヴァーベイン

科名：クマツヅラ科
学名：*Verbena officinalis*

No.4

支配星：金星 ♀

＜香りの特徴＞

ほんの少し葉からは苦味を感じるような草の香りがあります。楚々とした花を咲かせますが、うっかりしていると見過ごしてしまいそうな薬草で、目立たない形状をしていますが、その実、とてもいろいろなことに役立つ薬草の一つです。精油は比較的簡単には入手できないので、ハーブティーとしてや植物のエネルギーを転写して採取したフラワーレメディでの飲用がオススメです。

＜心身に対する働き＞

17世紀のカルペパーの『コンプリートハーバル』にも記載されているほど、古くから人々をサポートしてくれている薬草です。実際に、中央ヨーロッパでは気をつけて見ていると道端などで見かけることができます。とても強いエネルギーを持ったハーブなのでしょう。

古くから心身の強壮作用を促進するといわれ、ハーブティーやティンクチャーとして引用や塗布をされてきたようです。イライラしたときや不安になったとき、落ち込み気味になったときなどに特にサポートしてくれるでしょう。心配事で良い睡眠が得られなくなったときや、胃腸にストレスがかかってしまったときには、その症状を緩和してくれる働きがあるといわれています。気持ちがトゲトゲしていては、周りの理解を得るのは難しくなることが多くなります。そのときは、ヴァーベインのパワーを借りて気持ちを落ち着けてから対応してみてはいかがでしょうか。

＊オススメの使い方
ハーブティーで飲用、またはフラワーエッセンスなどでの飲用。

＊注意事項・禁忌
妊娠中は控えていただいた方がよいでしょう。

＊ブレンドしやすいハーブと精油
カモミールジャーマン、ペパーミント、スペアミント、ネトル、ローズペタル

ヴェチバー

科名：イネ科
学名：*Vetiveria zizanoides*

No.5

支配星：土星 ♄

＜香りの特徴＞

　気持ちが落ち着く、ちょっと焦げ臭いようなスモーキーな香り。事実、香水の揮発保留材として使われていたこともあるので、1950～1960年代の香水の香りを髣髴(ほうふつ)と感じさせるときもあるかと思います。また香りのトーンがベースに属するのでほかの精油とのブレンドも奥行きを感じる仕上げにしてくれる効果があるでしょう。

＜心身に対する働き＞

　インドやジャワ、タヒチなど熱帯地域に根づくこの植物は、葉の部分でマットを作ったり屋根を葺いたりしていて内装外装材に使われると共に、虫よけなどにも使われていたそうです。精油は根の部分を蒸留して抽出します。香りのトーンから気持ちの上で落ち着きが得られると共に、催淫作用もあるといわれ、大変重宝されてきた精油です。香りの効果で緊張をほぐしたり、大地に足をしっかり着けるといったグラウディング効果も期待できるでしょう。

　気持ちがザワザワしたときや、思わぬ出来事で動揺してしまったときなど、やさしくリカバリーしてくれるでしょう。

＊オススメの使い方

比較的、ほかの精油との香りのバランスを取りやすいので、トップノートでブレンドしたものの香りが飛んでいかないようにしっかりと落ち着けるのに良い働きがあります。ただし、ほかの精油が10滴に対して1滴でよいでしょう。ある意味存在感のある香りなので、入れ過ぎは逆効果になるときがありますので、注意してください。ブレンディングが成功したときは、とてもステキな大人の香りが出来上がることでしょう。

＊注意事項・禁忌

特にありませんが、妊娠中は避けた方がよいでしょう。

＊ブレンドしやすいハーブと精油

ラヴェンダー、ローズマリー、フランキンセンス、サンダルウッド、ジャスミン、ローズ、ネロリ、スィートオレンジ、グレープフルーツ

オレガノ

No.6

科名：シソ科
学名：*Origanum vulgare*

支配星：水星 ☿

＜香りの特徴＞

少しほろ苦いが清涼感のある香りのハーブです。和名では「花薄荷(はなはっか)」と呼ばれています。花もかわいいので、ドライでブーケを作って、部屋の芳香に使ってもよいでしょう。精油は生よりもう少しスパイシーな香りになります。低濃度の使用がオススメです。

＜心身に対する働き＞

スパイス系のハーブは消化促進に効果があるといわれていますので、よく調理の場面に登場するのでしょう。人の体は食べたものででき、皮膚から取り入れたものが影響するといわれます。

そのため、何を食べるか、何を塗布するかということはとても重要なこととなります。胃腸で分解され、体内の各細胞に取り入れやすいように胃液などの体液が消化促進してくれているのです。オレガノはそういった消化を促進するパワーを持ったハーブです。摂り過ぎがちになる塩分を控えるためにも、こういったスパイス系のハーブは人々の舌を満足させるためにサポートしてくれています。

精油も筋肉内のコリを流す働きを促進してくれますし各臓器の働きも活性化させてくれるでしょう。スポーツ後のコリの緩和にオススメです。

＊オススメの使い方
調理時に、下味などをつけるのによいでしょう。ベジタブルオイルと希釈して塗布またはマッサージに。

＊注意事項・禁忌
摂り過ぎは逆に胃腸の負担を増加します。精油も高濃度の使用は逆効果になるでしょう。

＊ブレンドしやすいハーブと精油
ローズマリー、フェンネル、タイム、パイン、ゼラニウム、スィートオレンジ、マンダリン、マージョラム

ガーリック

科名：ユリ科
学名：*Allium sativum*

No.7

支配星：火星♂

＜香りの特徴＞

かなりパワフルな香りを放ちます。特に断面などは強烈な香りがしますが、またそれはそれで元気をもらうことができるでしょう。

＜心身に対する働き＞

火星対応のハーブらしく、血行促進や血液の浄化を促進するといわれています。ニキビや吹き出物などの広がりも抑えてくれる働きがあるといわれていますし、血圧やコレステロール、血糖を下げる働きもあるといわれています。滋養強壮効果があるので、風邪などの引きはじめには有効な働きをしてくれます。

また研究の結果、抗生作用や抗真菌作用があることも確認されています。

好き嫌いのある香りですが、好きな人にとってはこの香りで元気になるということも少なくないでしょう。ただし、過度に摂取すると体臭とあいまって、独特な香りを発散することもあるので注意しましょう。

---
*オススメの使い方

料理にスパイスの一つとして利用されるのが一番良いでしょう。肉料理や魚介料理、パスタ料理、野菜炒めなど使い方によっては、味を何ランクも引き上げてくれます。

---
*注意事項・禁忌

好き嫌いのある香りを持ちますし、場所によってはそぐわないところもあるので、摂取するときを選ぶことを心がけてください。フォーマルな場所には不向きな香りです。

---
*ブレンドしやすいハーブと精油

比較的どんな食材にも対応します。香味づけにはとても素晴らしいものがあります。精油はありません。この精油を使って行うマッサージは誰しもためらうでしょう。

カモミールジャーマン

科名：キク科
学名：*Matricaria camomilla*

No.8

支配星：月 ☽

＜香りの特徴＞

　ハーブはやさしく少し甘酸っぱいリンゴのようなほのかな香りがします。精油は同じカモミールの仲間であるカモミールローマンと比べると薬のような香りを感じられる人も多いと思います。かなり特徴のある強い香りとなります。抽出された精油は色もブルーでこれはアズレンという成分の色で抗アレルギー作用があるといわれています。このアズレンは蒸留をして初めて出てくる成分です。

＜心身に対する働き＞

　市販されているカモミールティーはほとんどがカモミールジャーマンです。生やドライのハーブはティーで召し上がるとリラックス効果を堪能できます。

　抗アレルギー作用があるので、アトピーやアレルギーのある人にもボディマッサージで使うことができます。ただし、希釈率は低くしましょう。ほかの精油と混ぜて使うこともできますが、ちょっとブレンドが難しいとされる精油かもしれません。かなり香りが強いので、ほかの精油を混ぜても同一化してしまうことがあります。

　あえてカモミールジャーマンはブレンド時に滴数少なくされると、ハーモニーが取りやすくなります。冷やす働きや、コリを流す働きがあるので、塗布するだけでも効果的でしょう。

＊オススメの使い方

ハーブティーでの飲用。精油をベジタブルオイルとほかの精油とブレンドしてマッサージオイルを作り、お使いいただけるとよいと思います。

＊注意事項・禁忌

妊娠中でも飲用できます（とはいえ飲み過ぎは禁忌）。抗アレルギー作用があるといっても、精油の使用時はブタクサアレルギーの人は注意が必要です。必ずパッチテストをしてからご使用ください。

＊ブレンドしやすいハーブと精油

マンダリン、ラヴェンダー、レモン、フランキンセンス、ラヴェンダー

カモミールローマン

科名：キク科
学名：*Chamaemelum nobile*

No.9

支配星：太陽 ☉

＜香りの特徴＞

　青リンゴのような香りで爽やかです。精油はメーカーによってはちょっと癖のある香りになりますが、ブレンドするものを工夫するとハーモニーが取れます。

＜心身に対する働き＞

　ハーブティーでの飲用はカモミールローマンには苦味があるので、ブレンドしていただいた方がよいでしょう。

　精油にはリラックス効果のほかに鎮痛作用があるので、コリや筋肉痛の緩和にマイルドに効果があります。カモミールジャーマンに比べて精油の香りはマイルドなので、ブレンドしやすいでしょう。

　ラヴェンダーとのブレンドは「THE　AROMATHERAPY」という感じで代表的な香りになり、またアロマセラピーが目的とする心身への働きである鎮静作用や美肌効果が高いことを体感されると思います。もちろん、単品での使用でもその効果は大きいです。

　少し高価な精油ですが、乳幼児（希釈率にもよりますが）から高齢者まで使える精油です。

---*オススメの使い方*---

精油をベジタブルオイルと希釈してマッサージや緩和したいポイント（打撲など）に塗布して使います。ハーブティーはほかのものとブレンドして飲用がよいでしょう。

---*注意事項・禁忌*---

妊娠初期は精油の使用は避けてください。

---*ブレンドしやすいハーブと精油*---

ラヴェンダー、マンダリン、スィートオレンジ、ローズマリー、ゼラニウム

キャベツ

科名：アブラナ科
学名：*Brassica oleracea*

No.10

支配星：月 ☽

＜香りの特徴＞

キャベツも昔からハーブとしてのカテゴリーのなかに入りますが、香りはほとんどありません。月に対応するハーブは、COLD&MOIST の作用を持ち、冷やすという効果と香りがほとんどないというのが特徴に挙げられるかもしれません。

＜心身に対する働き＞

紀元前から愛用されてきたハーブです。COLD&MOIST の特徴で冷やすという働きが顕著です。それは体内・体外を冷やすということにつながり、炎症を緩和します。心にもクールダウンの働きがあり、鎮静化させてくれます。お肉を食べると、血量が増加し、また血流も良くなりエネルギッシュになります。しかしお肉を過度に摂取すると、怒りっぽくなったり、暴力的になったりする傾向が認められることもあるので、そのときには野菜、特に冷やす効果のあるキャベツは最適でしょう。

キャベツには胃の調子を整える働きがあるので、整胃作用効果も認められています。千切りでもサラダの一部でも温野菜として摂っていただいても効果があるでしょう。味も香りもないので、ほかの食材と合わせることも比較的安易です。

また、授乳中の乳房の炎症を緩和する働きもあるようで、炎症部分にキャベツの葉を使って熱を取るということも、民間療法で伝えられてきました。

※レタスも支配星が月でキャベツと同じ作用を持ちます。

- **＊オススメの使い方**
  サラダや温野菜として肉料理の付け合せに最適です。炎症部分の鎮静化に葉を患部に貼ることもできます。生でも加熱調理しても両方対応が可能です。

- **＊注意事項・禁忌**
  特にありません。

- **＊ブレンドしやすいハーブと精油**
  精油としては市販されていません。香りがないのでいろいろなものと合わせるのが容易です。

キャラウェイ

科名：セリ科
学名：*Carum carvi*

No.11

支配星：水星 ☿

＜香りの特徴＞

古くから料理に使われてきたハーブで、香りづけなどにも使われてスパイス系の芳香的な香りを持ちます。特にキャラウェイシードと呼ばれる種は、パンやクッキーのなかにブレンドされいっそう味を引き立たせるので、ヨーロッパ諸国では広く使われているようです。

＜心身に対する働き＞

スパイス系のハーブ全般にいえることですが、胃腸などの働きを活発にして食欲を促進してくれる働きがあります。この相乗効果で強壮作用も生まれてきます。産後の回復や母乳促進にも効果があるといわれています。また、体内の毒素を尿として排出促進し、体液の流れを促進しますので、デトックス効果も期待できるでしょう。

調理に意識して使えば胃腸を調整してくれるばかりでなく、その芳香から気分を明るくしてくれる働きも期待できます。スープなどの香味づけに最適で、食事のときにも気分を明るくしてくれる働きも期待できます。

緊張をほぐす働きや、リラックスできる環境作りに大きなパワーを貸してくれるハーブの一つです。

＊オススメの使い方
料理の香味づけやハーブティーのブレンドにオススメです。

＊注意事項・禁忌
精油はちょっと刺激がありますので、敏感肌の方の使用は控えていただいた方がよいでしょう。また通常でも希釈率は低くするか、またはアクセントに添加するくらいの使用でも十分効果は期待できます。妊娠中の精油の使用は控えましょう。

＊ブレンドしやすいハーブと精油
フランキンセンス、ラヴェンダー、スィートオレンジ、グレープフルーツ、マンダリン、ゼラニウム、ローズマリー

クミン

科名：セリ科
学名：*Cuminum cyminum*

No.12

支配星：土星 ♄

＜香りの特徴＞

インド料理でおなじみの、ちょっと刺激的なスパイシーさと、エキゾチックな香りがします。精油にしてもその香りはあまり変化することなく、人によっては香りだけでも消化を促進するような感覚になるでしょう。トップノート（柑橘系の精油など）に1滴加えてみるだけでも個性的な風合いを楽しめるはずです。

＜心身に対する働き＞

本来が食欲増進など、胃腸をリフレッシュする働きのあるハーブなので、ガスが腸内に溜まったときや下痢などの症状緩和に効果があるといわれています。

胃がもたれやすいときにはハーブを上手に料理に使うと効果があります。代表的なものはインド料理で、本格的なカレーにはクミンが入っているのでおわかりいただけるでしょう。元来、カレーは滋養強壮のためのハーブ料理として伝承されてきました。一つひとつを揃えるのは大変ですが、今はスパイスメーカーで本格的カレーとしてセット販売されていますので、たまにはインスタントでない本式のカレーに挑戦してみてもよいでしょう。市販のインスタントカレーは小麦粉の含有率が高く、肥満を促進する場合があります。ダイエット中なら、是非、本格的カレーを試してみてください。カレーは今や日本の国民食です。この香りを嗅ぐと、「食欲が湧く」のキーワードの一端をクミンは担っているのかもしれません。

精油でブレンドオイルを作り、腹部の周りに塗布しても胃腸の強壮を促します。

＊オススメの使い方
ハーブは料理に、精油はブレンドに個性を持たせるのに重宝します。

＊注意事項・禁忌
スパイシーな香りや効果を持つものは皮膚刺激が強いことが確認されているので、使用は控えめがオススメです。妊娠中は禁忌です。

＊ブレンドしやすいハーブと精油
コリアンダー、マンダリン、グレープフルーツ

クラリセージ

科名：シソ科
学名：*Salvia sclarea*

No.13

支配星：月 ☽

＜香りの特徴＞

ホルモンを刺激する作用があるためか、嗅ぐときの体調によって印象が異なるハーブの香りです。薬のような粉っぽい香りを感じるときもあれば、刺激的なものを感じることもあるかもしれませんし、心底リラックスできそうな安心できる香りを感じることもあります。体調に左右される香りの一つです。

＜心身に対する働き＞

ホルモンを刺激する働きがあるといわれていますので、妊娠中の使用はできませんが、逆に出産時に使われている精油の一つです。生理痛があるときは香り（精油）を嗅ぐと緩和されやすくなるといわれていますが、生理中に精油のブレンドオイルを塗布すると血流を増やしてしまうこともあるのでご注意ください。

気持ちをリラックスさせる働きがありますので、考えに行き詰ったり、息抜きのときなどに大いにサポートしてくれるでしょう。同じ仲間のセージの精油よりクラリセージの方がマイルドで扱いやすいです。特に女性に多くのサポートをしてくれるでしょう。

＊オススメの使い方

精油のブレンドでマッサージオイルを作り塗布、またはマッサージをする。月経痛のときは、精油の香りを嗅ぐだけでも痛みは緩和するでしょう。

＊注意事項・禁忌

思考が緩慢になりやすくなるので、この精油でマッサージをした後には車の運転や細かい作業を避けていただいた方がよいでしょう。ホルモン様作用があるので妊娠中も禁忌になります。また、クラリセージを使った後、飲酒をすると悪酔いするともいわれています。

＊ブレンドしやすいハーブと精油

スィートオレンジ、グレープフルーツ、サンダルウッド、ジュニパーベリー、サイプレス、ゼラニウム

クロモジ

科名：クスノキ科
学名：*Lindera umbellata*

No.14

支配星：金星 ♀

＜香りの特徴＞

爪楊枝としておなじみの樹木で、葉や木部はこするとほんのり甘い優美な和の香りがします。樹木部分は抗菌作用があるので、爪楊枝として使われてきた長い歴史があります。良い香りでしかも抗菌作用があるので、古くから口に入れても好まれるということから使われてきたのでしょう。水蒸気蒸留法で採取された精油は、甘いなかにもちょっとピリッとした香りを感じます。ちょっとブラックペッパーにも似た香りが印象的です。

＜心身に対する働き＞

日本でも戦時中も薬学の知識のある兵士によって蒸留されていたという歴史があったそうです。リナロールやゲラニオールといったスキンケア効果のある成分をたくさん含むため、お肌のお手入れなどにもとても役立ちます。ただ少し、ピリッとした感じもあるので、フェイシャルや敏感肌の方の使用には注意が必要です。

皮膚柔軟作用があるので、蜜蝋とホホバオイルで作ったクリームは角質のケアにも効果的でしょう。冬などの乾燥期に肘や踵のお手入れには最適です。

これから注目される「和の香り」の代表格でしょう。

＊オススメの使い方

精油はキャリアオイルで希釈し、蜜蝋クリームなどでスキンケアとしてお使いいただけるでしょう。葉が手に入ればハーブティーとしても楽しむことができます。

＊注意事項・禁忌

特にありませんが、妊娠初期の使用は控えてください。

＊ブレンドしやすいハーブと精油

スィートオレンジやレモン、マンダリンなどの柑橘系の精油、ローズ、ゼラニウム、カモミール、クラリセージ、マートルなどフラワー系の精油。

コリアンダー

科名：セリ科
学名：*Coriandrum sativum*

No.15

支配星：金星 ♀

＜香りの特徴＞

ソフトでスパイシーな香りのなかにピリッとしたものを感じられるでしょう。調理のスパイスとしての長い歴史があるハーブです。香料の歴史としては、占星術が記録され発展したバビロニアの時代からあったといわれています。その後もギリシャやローマ時代に食料の保存剤として、またはアルコール類の香料としての多く活用されてきたということです。なお、古代にはアルコールは薬としての扱いがあったということです。

＜心身に対する働き＞

古代から香料として使われてきたこのハーブは、食欲増進効果がかなり早くから認められてきたのだといえます。またこのハーブは催淫作用があるといわれ、愛用されてきたといいます。そのことが金星に対応するということになるのかもしれません。

精油は主に消化器系の不調緩和に効果があるといわれています。胃を温めたり、腸内のガスを排出したりして、食欲を回復させるといわれています。冷え性の人の諸症状改善や滋養強壮に効果を発揮してくれるでしょう。

不妊症や月経不順などの諸症状の改善にも良いといわれています。逆に妊娠期は注意が必要な精油です。

＊オススメの使い方

ハーブは調理時に使用すると、味もワンランク上になりますし、食欲増進・消化増進効果もあるのでオススメです。

＊注意事項・禁忌

妊娠期の精油の使用は禁忌です。ハーブも使用量を注意してください。

＊ブレンドしやすいハーブと精油

マンダリン、フランキンセンス、ラヴェンダー、ローズマリー

サイプレス

科名：ヒノキ科
学名：*Cupressus sempervirens*

No.16

支配星：土星 ♄

<香りの特徴>

スッキリとしたウッディな男性的な香りが特徴で、深い呼吸を促進してくれる働きがあります。別名「イタリア糸杉」と呼ばれる樹木で、今でも中央ヨーロッパでは一般的に自生しているので街道などで見かけることができます。風景画などでよく描かれているのでご存じの人も多いことでしょう。姿も香りもスッキリとしています。

<心身に対する働き>

サイプレスの香りは深呼吸をしやすくしてくれます。香りが呼吸器系のトラブルの緩和を促進してくれますが、リンパの促進にも効果があるといわれています。

ブレンドしやすい精油と合わせてマッサージにお使いいただくとより効果的です。また、腎臓などの働きを強化しますし、慢性的なコリの緩和やスポーツ後の筋肉のクールダウンなどにも効果的です。

スパイス系の精油とは違った角度で血流およびリンパ液を刺激し、基礎代謝を促進してくれます。シャープな香りなので男性にも好まれるでしょう。

＊オススメの使い方

ハーブとしてはなかなか手に入りにくいので、精油をブレンドしてお使いいただくのがよいでしょう。ベジタブルオイル20mlにサイプレス4滴、ジュニパーベリー3滴、グレープフルーツ3滴、ブラックペッパー1滴をブレンドしたマッサージオイルはリンパ液の促進に効果的です。

＊注意事項・禁忌

妊娠初期、腎臓、肝臓など臓器の疾患がありすでに投薬治療をされている人は主治医の判断を仰いでください。

＊ブレンドしやすいハーブと精油

ジュニパーベリー、グレープフルーツ、ブラックペッパー、ローズマリー、マンダリン、ラヴェンダー、スィートオレンジ、レモン

サフラン

科名：アヤメ科
学名：*Crocus sativus*

No.17

支配星：太陽 ☉

＜香りの特徴＞

香りは特筆するものはあまりありませんが、その持つ色とその効果でかつては金と同じような値打ちで取引をされていた歴史を持ちます。ターメリックがその代用に使われていたこともありますが、代用品が出るくらい高価なハーブです。

＜心身に対する働き＞

古代から、強壮剤としての効果が認められていたハーブの一つです。またこの色から太陽を連想させるため、効果とあいまって太陽対応のハーブとして珍重されてきた長い歴史があります。

花のおしべとめしべを使うため、25ｇのドライサフランを採取するために5000本以上のおしべが必要といいます。解熱や痙攣（けいれん）、肝臓肥大などを緩和し、症状を軽減するといわれています。外用では打ち身やリュウマチや神経系の疾患を緩和するといわれています。

特に米料理の色づけにはとても良く、気持ちを元気にしてくれる仕上がりが期待できます。ちょっと高価なハーブですが、何かのときに調理に使えば気も心も晴れ晴れさせてくれるでしょう。

＊オススメの使い方
調理に使います。スペイン料理のパエリャは代表的な使い方です。

＊注意事項・禁忌
特にありません。

＊ブレンドしやすいハーブと精油
精油はありません。ブイヤベースの香味づけ、パエリャなどの米料理に合います。

サンダルウッド

科名：ビャクダン科
学名：*Santalum album*

No.18

支配星：土星 ♄

<香りの特徴>

落ち着きのある荘厳で雅な香り。日本にも「白檀(びゃくだん)」という名で古くから王侯貴族に香として親しまれてきた長い歴史のある香料の一つです。香としては和の香りのイメージが感じられ、精油ではちょっとエキゾチックな香りを感じられることでしょう。シルクロードを経て伝えられた面影ということにつながるのかもしれません。

<心身に対する働き>

呼吸器系に働きかける効果があるので、深い呼吸を促進する働きがあります。気持ちを落ち着かせる働きもあるので、瞑想したいときや気持ちのザワザワしたときなどに利用するとよいでしょう。皮膚の治癒を早める働きも認められていますので、創傷などの治癒促進が望めます。香りの鎮静作用の効果と共に、お肌を保護しスキンケア効果も期待することもできます。また、催淫作用もありますので、古くからこのような効果を望むのに使われてきた史実も残されています。

現在インドでは、採取が難しくなってきています。そのほとんどがオーストラリアに変わってきたということですが、土地によって、また気候によって香りは左右されるため、オーストラリア産はインドのものより少し香りは軽くなります。高価な精油の一つです。

＊オススメの使い方

インセンスで香としてルームフレグランスにお使いいただいてもよいですし、精油のブレンドで香油やマッサージオイルとして使われるとよいでしょう。

＊注意事項・禁忌

特にありません。適宜な使用は妊娠中でも使えますし、ストレッチマークの予防にも効果的です。

＊ブレンドしやすいハーブと精油

スィートオレンジ、グレープフルーツ、ラヴェンダー、サイプレス、クミン、ジャスミン、ローズ、ネロリ

シェパーズ パース

科名：アブラナ科
学名：*Capsella bursa-pastoris*

No.19

支配星：土星 ♄

<香りの特徴>

ほとんど特徴のある香りはありません。一年中花を咲かせることができる強いハーブです。和名は「ナズナ」または「ペンペングサ」と呼ばれるもので、日本ではお正月の7日に胃のもたれなどを改善するためにも食べられる伝統の食事、七草粥でおなじみのハーブです。

<心身に対する働き>

根元の葉がロゼッタ状をしています。一年草または二年草ですが、生存中はとても強く成長します。伝統医療では殺菌作用が認められているため、下剤または膀胱炎のときなどに効果を発揮するといわれています。

血行を促進して、血管を収縮させる働きもあるので、月経過多や静脈瘤の治療に使われることもあるそうです。

何気ないこの草は、洋の東西を問わず古くから私たちの生活をサポートしてくれていたということです。

＊オススメの使い方

葉はサラダとして食べることができますが、やはりお粥などにして召し上がるのがよいでしょう。またハーブティーとしてミントティーやカモミール、ネトル、レモンピール、オレンジピールなどとブレンドして召し上がっていただくのもよいでしょう。

＊注意事項・禁忌

一時的に血圧を降下するという作用も報告されていますので、低血圧気味の人は注意してください。

＊ブレンドしやすいハーブと精油

ペパーミント、スペアミントなどのミント類、カモミール、ネトル、オレンジピール

シナモン

科名：クスノキ科
学名：*Cinnamomum zeylanicum*

No.20

支配星：木星 ♃

＜香りの特徴＞

スパイシーな香りのなかにもほんの少し甘さを感じる香りです。日本でも古くから「肉桂（にっけい）」と呼ばれ香料として、また食品としても使われてきた歴史があります。欧米ではクリスマスの時期のシンボル的なハーブとして有名です。この樹木の樹皮が持つ香りが虫よけとなり、冷蔵庫などの保存設備が整わなかった時代に食品を害虫などから守るために使われてきたようです。

＜心身に対する働き＞

精油での使用時に、ちょっとピリッとした感触を持つのでスキンケア効果が抜群とはいいかねますが、ほんの少し隠し味的に加えると香りに奥行きを醸し出す効果があります。若干ですが収斂作用も認められています。フラワー系や柑橘系などのトップノートの香りにベースノートとして 0.5 ～ 1％加えると香りに奥行きが増します。

クリスマスのときにスィートオレンジとのブレンドはいっそうロマンティックな気分にしてくれるでしょう。欧米ではこのシーズンの一般的な香りです。

ハーブとしては香りで元気づけられるほかに、血行を促進する働きがあります。冬の寒い日、温かいコーヒーに加えたり、ケーキやクッキー、チョコレートなどに加えるとワンランク上の味になることでしょう。

＊オススメの使い方

精油をベジタブルオイルに加え、マッサージオイルとして使用します。食品に加味して、味を調えることもできます。

＊注意事項・禁忌

ハーブも精油も多量の使用は好ましくありません。特に精油は低濃度での使用がオススメです。

＊ブレンドしやすいハーブと精油

スィートオレンジ、レモン、グレープフルーツ、ローズマリー、ラヴェンダー、タイム

ジャスミン

科名：モクセイ科
学名：*Jasminum grandiflorum*

No.21

支配星：木星 ♃

＜香りの特徴＞

　甘さを感じるエキゾチックな感じのする花の香りで、日本では5月上旬に咲き誇ります。花の種類にもよりますが、ニュアンスの香りを楽しめる花です。

＜心身に対する働き＞

　太陽に向かって蔓を勢いよく伸ばしていきます。その形状が支配星・木星のメッセージと似ているからなのでしょうか。

　精油を高濃度でブレンドすると男性的な香りになり、低濃度でブレンドすると女性的な香りが演出できる精油です。その気分によってブレンドを変えるだけでも、気持ちをいろいろな意味でサポートしてくれることでしょう。

　スキンケア効果も期待できます。香り自体がベースノートなので、長く香りを楽しむこともできます。トップノートの柑橘系の香りのブレンドに1滴加えるだけでも奥行きのある香りを演出してくれます。香りの高いハーブティーも気持ちをポジティブにしてくれます。

　精油の希釈濃度によっては催淫作用もあります。フレグランスとして古くから愛されてきたハーブで、いろいろなシチュエーションで日々サポートしてくれるでしょう。

---*オススメの使い方*---

ハーブティーとして、単品でも、またはブレンドでも美味しく召し上がれます。精油とベジタブルオイルでスキンケアオイルを。

---*注意事項・禁忌*---

妊娠中は使用を控えてください。逆に出産時にはサポートしてくれます。

---*ブレンドしやすいハーブと精油*---

単品でも希釈率で違うニュアンスの香りを楽しむことができる精油です。スィートオレンジやレモン、マンダリンなど柑橘系の精油と合いますが、ラヴェンダーやゼラニウムなどのフラワー系の精油とも相性は良い精油です。

ジュニパーベリー

科名：ヒノキ科
学名：*Juniperus communis*

No.22

支配星：太陽 ☉

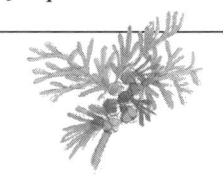

＜香りの特徴＞

リフレッシュ効果のあるウッディな香りで、その香りは森林浴を彷彿(ほうふつ)とさせるでしょう。葉は爽やかな香りで、実にはほとんど香りはありません。味はちょっと渋い感じがしますが、食べることも可能です。

＜心身に対する働き＞

リンパなどの流れを促進し浮腫の症状を緩和し、デトックス効果があるといわれています。血行促進が期待できるので、冷え性の予防や筋肉痛やコリの緩和にも効果が見られるでしょう。

中世ヨーロッパの一部地域では実を少しずつ食べて、長い冬で滞ったものを排出するために、解毒を行ってきたということもあるそうです。実はジンなどに使われていることでもわかるように、ハーブティーなどで飲用することもできます。

何か心身共に浄化をしたいときにはとっておきのハーブです。

＊オススメの使い方

ミントなどのハーブとブレンドして飲用します。精油をサイプレスやグレープフルーツ、ブラックペッパーなどとブレンドするとデトックス効果、リンパ促進のブレンドオイルとして効果的です。

＊注意事項・禁忌

妊娠初期と中期の使用は禁忌です。

＊ブレンドしやすいハーブと精油

サイプレス、グレープフルーツ、ブラックペッパー、スィートオレンジ、マンダリン、ラヴェンダー、ローズマリー、フランキンセンス

ジンジャー

科名：ショウガ科
学名：*Zingiber officinale*

No.23

支配星：火星 ♂

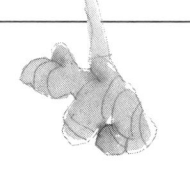

<香りの特徴>

　花はとても甘い香りを持ちます。精油は鋭いスパイシーな香りのなかにも甘さを含んだ香りを感じられることでしょう。洋の東西を問わず、古くから人々に愛され、日々の生活に活用されてきた歴史があるハーブです。精油にするために一手間加えられると、甘い香りが増すような感じです。蒸留することによって、甘い香りが閉じ込められるのでしょう。

<心身に対する働き>

　ジンジャーは血行を促進する働きがあり、特に冷え性の方の症状緩和に多くのサポートを得ることができます。根の部分（ひねしょうが）は日本でも古くから、薬味として使われてきた歴史があります。
　精油も入手は可能です。精油はほかの精油と共にブレンドでの使用をオススメします。肌に刺激作用があるのと、少量でも効果があるので、1％以下の希釈がよいでしょう。長持ちのする香り（ベースノートに近い）なので、ブレンドの相乗効果で通常のブレンドより1滴加えるだけで（1滴で十分です）奥行きのあるブレンドオイル作りが可能になります。

---*オススメの使い方*---

料理に多くのスパイス的サポートをしてくれます。薬味としても隠し味としてもハーブティーなどとして、飲用するとのどの痛みの緩和によいでしょう。風邪の引き始めにも効果的です。

---*注意事項・禁忌*---

摂取のし過ぎは臓器を痛める心配がありますので、適宜にしてください。精油も高濃度で使用すると肌にダメージを与えてしまいますので、希釈率1％くらいがオススメでしょう。

---*ブレンドしやすいハーブと精油*---

ゼラニウム、ラベンダー、グレープフルーツ、マンダリン、ローズマリー、フランキンセンス

スィートオレンジ

科名：ミカン科
学名：*Citrus sinensis*

No.24

支配星：太陽 ☉

＜香りの特徴＞

誰にでも好まれそうな明るい柑橘系の香りを持っています。今は一般的な果実であり、比較的入手しやすい精油ですが、一昔前は温室の持てることのできる階級の人たちの果実でした。「オランジュリー」はオレンジからくるガラス張りの温室の意味を持ちます。現在は品種改良も進み、万人の手に渡るようになった果実ですが、漢方でも「陳皮」といって薬の一種として扱っています。香りの良いものとしての役割もあったのでしょう。

＜心身に対する働き＞

柑橘系の香りは一般的に、人の気持ちを明るくしてくれる効果が大きいでしょう。北極よりの地域では四季はあるものの、日照時間が極端に短くなることがあります。そんなときに古くから柑橘系の色と香りは重宝されてきたといわれます。ただし、北の地域にとって昔は温室もなく、とても貴重なものでした。ポマンダーといってオレンジにクローブの実を刺して利用したこともあります。これは中世のヨーロッパでは悪臭が病気を生み伝染させると信じられていた名残りでしょう。

もっとも悪臭があるということは病原を作るということを暗示させますが、現在は虫よけとしたり、クリスマスや新年のプレゼントとして伝統に残っています。幸せを運ぶといわれているのも、人の気持ちをポジティブにさせてくれるからでしょう。

＊オススメの使い方

フルーツとして食べてもよいし、フルーツティーとしても楽しめます。精油はベジタブルオイルやほかの精油とブレンドして香油やマッサージオイルとして。

＊注意事項・禁忌

オレンジの精油は感光作用があるので、オレンジの精油を塗布した直後は日光に当たるのを避けましょう。

＊ブレンドしやすいハーブと精油

ラヴェンダー、ローズマリー、ジュニパーベリー、ジャスミン、サイプレス

セージ

科名：シソ科
学名：*Salvia officinalis*

No.25

支配星：金星 ♀ と土星 ♄

＜香りの特徴＞

すっとした爽やかな芳香を放つ葉は、こすったり乾燥させると一段と芳香を高め、私たちをサポートしてくれるでしょう。昔から食用にも薬用にも使われてきました。精油にすると芳香も強くなり、皮膚刺激もあるので通常は生またはドライのハーブをお使いいただいた方が手軽に取り扱えます。

＜心身に対する働き＞

肉料理のときの香りづけや消化促進のあるハーブとして古くから愛され使われてきたハーブです。特に地中海沿岸の料理には多く利用されています。

殺菌効果もあるので、マウスウォッシュやうがい薬などにも利用されてきました。

止血作用もあるので、鼻血の応急処置にも利用できます。

月経障害のある人にも症状の改善が期待できます。スポーツ後の筋肉痛の改善にも良いでしょう。強壮作用もあり、発汗の制御や血糖値低下作用もあり、また婦人科系のトラブルの改善にも効果的ですので、更年期の症状緩和にもよいでしょう。逆に母乳の制御も促進してくれる働きがあるので、離乳期にはオススメのハーブです。母体の飲用での赤ちゃんへの影響はありませんので、ハーブティーを利用してマイルドに離乳促進されるとよいかもしれません。

---*オススメの使い方*---

ハーブティーブレンドとして飲用やキッチンハーブとして飲用、または食用に。

---*注意事項・禁忌*---

精油は妊娠期、癲癇（てんかん）の方の発作の引き金になる成分（ツヨン）を含みますので、禁忌です。

---*ブレンドしやすいハーブと精油*---

スィートオレンジやレモン、マンダリンなどの柑橘系、ラヴェンダー、フランキンセンス、ゼラニウム、マートル、ローズマリーなどが挙げられますが、セージの精油の香りはパワフルなので、全体6滴に対して1滴でよいでしょう。

ゼラニウム

科名：フウロソウ科
学名：*Pelargonium odoratissimum*

No.26

支配星：金星 ♀

＜香りの特徴＞

甘く、まったりとしたバラに似た香りを持っています。昔はバラの精油が高価なのでこのゼラニウムを代用に使っていたという時代もあったそうです。女性らしい香りを放っています。

＜心身に対する働き＞

ゼラニウムは、実は多くの成人病を予防したり、症状を緩和したりする働きを持っています。

ホルモン様作用も確認されていますので、更年期（男女共に）の症状が感じられたときに使用されるとよいかもしれません。また、生理不順などを調整するには良い精油だと思います。

しかし、すべてを精油の力で治そうと思わないでください。数回試してみて効果がないときは、しかるべき医療機関で一度検査を受けた方がよいでしょう。重大な病気が隠されていることがあるので注意が必要なこともあります。

また、血圧を下げる働きがあるといわれています。精油は比較的血圧を下げるものが多いのですが、ゼラニウムは顕著です。使用後にまったりした感じを覚える人が多いかもしれません。また血糖値を下げる働きもあるといわれています。気持ちを鎮静する働きもあるので、これから何かをやり遂げたいと思っているときには向かない精油かもしれません。

＊オススメの使い方
ベジタブルオイルとブレンドして塗布。

＊注意事項・禁忌
妊娠期間や低血圧、ホルモン系の病気治療の人は禁忌です。

＊ブレンドしやすいハーブと精油
ローズマリー、ラヴェンダー、マンダリン、スィートオレンジ、グレープフルーツ、サンダルウッド、サイプレス、クラリセージ

No.27

タイム

科名：シソ科
学名：*Thymus vulgaris*

支配星：金星 ♀

＜香りの特徴＞

きりっとしたスパイシーな香り。病院など消毒剤に使われていた史実もあるので、消毒薬を連想させることもあります。

＜心身に対する働き＞

消毒効果の高いハーブであり精油です。スパイス系のハーブに共通する血行や体液の促進も期待できますので、身体的なコリや筋肉痛などに効果が期待できるでしょう。基礎代謝を促進してくれる働きも期待できますので、代謝促進に精油をマッサージブレンドの一つに考えられてもよいと思います。また、心理的にハードになっている人の気持ちのコリをほぐすのにも効果が期待できます。単品で使うと消毒を連想する香りですが、ほかの精油との相性も良く（特に柑橘系）、ブレンドして使うとまた違った表情の香りを楽しむことができます。多くのことを抱え込んでしまうタイプや責任感の強いタイプの心身の疲労に対して、リフレッシュ効果が期待できるでしょう。

乾燥期のインフルエンザシーズンには、殺菌効果や抗菌効果も期待できます。私たちの身の周りにはたくさんの菌が存在します。ハーブと精油の殺菌・抗菌効果はそのなかでその人にとって良いと思われる働きをマイルドにしてくれているのです。

＊オススメの使い方

ハーブは肉料理や魚料理に味つけを。ワンランク上にしてくれるでしょう。精油はマッサージ用にブレンドオイル、またはルームスプレーもオススメです。

＊注意事項・禁忌

高血圧の人、妊娠中は禁忌です。

＊ブレンドしやすいハーブと精油

グレープフルーツ、スィートオレンジ、マンダリン、レモン、ペパーミント、ローズマリー、ラヴェンダー、ジュニパーベリー、フランキンセンス

タラゴン

No.28

科名：キク科
学名：*Artemisia dracunculus*

支配星：火星 ♂

＜香りの特徴＞

　これぞ「THE HERB」と呼べる、香草としてかなり古くから調理に使われてきたスパイシーな香りを持ちます。地中海料理には欠かせないハーブで、日本でも近年使われるようになってきました。和風の香りにはあまり感じさせないものを持っていますので、最初はちょっと違和感を感じる人もいるかもしれませんが、慣れると逆にやみつきになる香りです。アニスやセロリの香りに近いものがあります。

＜心身に対する働き＞

　ハーブティーで摂られても、調理の下味に使って味の奥行きを出すほかに血行促進や食欲増進、消化促進の効果も期待できるハーブです。成人病などの予防や症状のある人の緩和によいでしょう。

　また、精油はちょっと手に入りにくいかもしれませんが、ブレンドの香りづけのほかに、やはり臓器の諸症状の緩和に期待できますので、ベジタブルオイルでブレンドして患部に塗布してもよいでしょう。ただし、スパイス系の精油の濃度は低めがオススメです。柑橘系やローズマリー、ジュニパーベリーなどの精油とブレンドしても奥行きを出してくれることでしょう。

＊オススメの使い方
魚料理などの下味に最適です。精油はベジタブルオイルと希釈して塗布またはマッサージに。

＊注意事項・禁忌
妊娠中の使用は避けましょう。

＊ブレンドしやすいハーブと精油
ローズマリー、パセリ、ジュニパーベリー、マージョラム、アンジェリカ、ラヴェンダー、マンダリン、グレープフルーツ、スィートオレンジ

ダンディライオン

科名：キク科
学名：*Taraxacum officinale*

No.29

支配星：木星 ♃

＜香りの特徴＞

少しの甘みを感じるなかに苦味も混在したテイスト。焙煎するとコーヒー風味になります。

＜心身に対する働き＞

和名は「西洋タンポポ」といいます。ロゼッタ状に広がる葉の形状から、拡大の意味を持つ木星の支配下にあると分類されたのでしょう。日本でも現存しますが、コーヒーは主に根の部分を焙煎して作られます。

葉・根共に利尿作用が認められますが、カリウムを多く含んでいますので、たくさん飲用することにより排尿時に失われるカリウムを補うことも可能です。また、肝臓を強化するともいわれていますし、浄化・強壮作用もあるといわれています。

戦後に焙煎してコーヒーの代用品として飲用されていた歴史がありました。コーヒーの風味がありますが、ノンカフェインなので妊娠中および投薬治療中でも適宜なら安心して飲用することができます。

現在、いろいろなメーカーでタンポポコーヒーが出ています。

＊オススメの使い方

コーヒーやほかのハーブとのブレンドティーとしての飲用もオススメですし、サラダとしての食用としてもオススメです。

＊注意事項・禁忌

利尿作用がありますので、お休み前の飲用は避けた方がよいでしょう。

＊ブレンドしやすいハーブと精油

精油としては市販されていません。

チィックウィード

科名：ナデシコ科
学名：*Stellaria media*

No.30

支配星：月 ☾

＜香りの特徴＞

ほとんど香りはありません。月に対応するハーブや精油は、味や香りがないかまたは薄めなのが特徴です。ほかのハーブとブレンドしやすいという特性もあります。チックウィードは日本でも昔から自生しているハーブで、和名は「ハコベ」です。庭の片隅で見つけられることも少なくありません。その小さな花は星のような形をしているので、「*Stellaria*」と名づけられたのでしょう。

＜心身に対する働き＞

「ハコベ」と聞いて、「鳥のエサじゃないの？」と思った人も多いかと思います。鳥のエサにするのに便利なように世界中に自生しています。鳥にとってはすべての要素が含まれた万能食のようなものだったのだと思います。

一見、雑草のようでもありますが、実は多くの薬効成分を含んだハーブです。サポニンやミネラル、ビタミンA・B・Cを含むためリュウマチの症状緩和（特に痛みに対する症状緩和）や虚弱体質の改善、浄化目的の利尿作用として古くから用いられてきた歴史があります。また、傷の治療やおできの毒素排出にも使われることができるそうです。

＊オススメの使い方

ハーブティーのブレンドとして飲用、またはサラダなどによいでしょう。飲用・食用することによって、デトックス効果が高まるといわれています。傷の治療には、煮出したものやハーブティーを入浴時にバスタブに入れて入浴するとよいでしょう。

＊注意事項・禁忌

特にありません。

＊ブレンドしやすいハーブと精油

香りがほとんどないので、どれとでもブレンドしやすいハーブです。

ネトル

科名：イラクサ科
学名：*Urtica dioica*

No.31

支配星：火星 ♂

＜香りの特徴＞

　特に香りはありませんが、味には少々苦味がありますが、ちょっと癖のある緑茶のような味わいです。茎に刺毛があるので採取するときは注意が必要です。本書で紹介するのはスティキングネトルという種類ですが、日本にも自生している種類があり、性質は似ているとのことです。チクチクとした刺毛の部分が火星的といわれているようです。

＜心身に対する働き＞

　昔から民間療法の一環として、全草で体を打って温める目的や関節炎やリュウマチの患部を打って治療するのは一般的だったそうです。茎には刺毛があり、じかに手で触るととても痛いのですが、それは刺毛のせいだけでなく、ヒスタミンとギ酸がアレルギー反応を起こすからだといわれています。また地中の鉄分などのミネラル成分をよく吸収するので、貧血気味の方にオススメです。ビタミン類、特にビタミンCが豊富に含まれているといわれます。

　尿酸を取り除く働きも確認されていますので、血行を促進し、利尿作用もあるといわれているので初期のリュウマチの改善にはよいでしょう。ハーブティーでの飲用は抗アレルギー作用もあるので花粉症などの改善にもよいでしょう。

---*オススメの使い方*---
ハーブティーとして飲用。天ぷらなどの食材としても良いそうです。春の若葉は滋養に良いといわれています。

---*注意事項・禁忌*---
特にありません。自生したネトルを採取するときは刺毛に注意しましょう。

---*ブレンドしやすいハーブと精油*---
フェンネルとブレンドすると美味しさが増し、アンチエイジング効果も期待できます。精油は市販されていません。

ネロリ

科名：ミカン科
学名：*Citrus aurantium*

No.32

支配星：太陽 ☉

＜香りの特徴＞

爽やかで気品のあるネロリの香り。ミカン科に属しているトップノートの香りです。イタリア・ローマ郊外のネローラ公国に嫁いだ王妃が大好きだったネロリ。お城の周り一面にネロリの木やビターオレンジが植えられ、盛花期にはかぐわしい香りで公国の民も癒されたといいます。その香りはなめし皮の臭い消しにも一役買っていたそうです。

＜心身に対する働き＞

ネロリから取れる精油はそのスキンケア効果で多くの美容効果が期待できます。デリケートなお肌にも対応できますので、フェイシャルなどに最適でしょう。

急激なダイエットや妊娠期に起こりやすいストレッチマーク※の予防にも効果的です。皮膚の細胞の成長を促進しますので、傷跡を目立たなくする効果もあるといわれています。

気分が落ち込み気味のときにネロリのパワーはあなたをサポートしてくれるはずです。

※ストレッチマーク：太ったり、妊娠したりすると部分的に表皮が伸びます。急激なダイエットや出産後に伸びった皮膚が追いつかず、表皮にひび割れができることがあります。これは皮下出血などによって起こるものなのですが、一度ついたひび割れは色が若干薄くなるものの解消はできません。それを予防するためには日ごろから柔軟な皮膚をキープさせることが必要です。

---- ＊オススメの使い方 ----
精油は花びらから取るためにとても高価な精油です。できれば混ぜないでそのまま香りを楽しみつつ、スキンケア効果を体感してみてはいかがでしょう。

---- ＊注意事項・禁忌 ----
妊娠初期。

---- ＊ブレンドしやすいハーブと精油 ----
ラヴェンダー、フランキンセンス、マートル、ローズマリー、ゼラニウム、ローズ

パイン

科名：マツ科
学名：*Pinus sylvestris*

No.33

支配星：火星 ♂

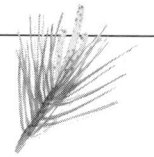

<香りの特徴>

神社・仏閣・神殿などの建造にも使われている樹木です。針葉樹の仲間でスッキリとした香りを感じさせるウッディな香りです。深い呼吸も促進しますので、気持ちをリカバリーさせて瞑想などをするのに最適な香りの一つでしょう。

<心身に対する働き>

針葉樹林の持つウッディな香りは、気持ちを落ち着かせる働きを促進してくれます。気持ちがざわついたときや、イライラしているときには最適な香りでしょう。この木材は建築資材としも、また家具材としても比較的寒い地域で利用されています。北欧の家具や建築材はパインが多く使われています。

精油はそのエッセンスが凝縮しています。この精油を使ったブレンドオイルは呼吸器系のトラブルに効果を発揮するでしょう。また、皮脂の多いタイプのスキンケアにも向いています。アフターシェイブクリームやローションなどに添加してもよいかもしれません。一般的には男性用オーデコロンなどに使われています。

殺菌作用もあり呼吸器系にも効果的ですので、乾燥したシーズンに流行（はや）るインフルエンザなどの予防や咳などの症状緩和にパインの精油を配合したルームスプレーもオススメです。お休み前のベッドの上にスプレーすると安眠効果が期待できるでしょう。

---*オススメの使い方*---
パインのチップが手に入ったら入浴剤に。精油はベジタブルオイルと希釈して塗布、またはマッサージに。

---*注意事項・禁忌*---
精油は必ず希釈して使いましょう。

---*ブレンドしやすいハーブと精油*---
スィートオレンジ、グレープフルーツ、マンダリン、フランキンセンス、サンダルウッド、ローズマリー、ラベンダー、タイム、サイプレス、オレガノ

バジル No.34

科名：シソ科
学名：*Ocimum basilicum*

支配星：火星 ♂

＜香りの特徴＞

イタリア料理・地中海料理などに使われているハーブなのでご存じの人も多いかと思います、いかにも食欲をそそる爽やかな香りです。精油は生やドライハーブに比べて甘みが加わります。17世紀のハーバリストであるカルペパーは蠍座の火星的と称しました。ゆったりとエネルギーを発信させてくれそうな蓄えたパワーがありそうな香りです。

＜心身に対する働き＞

血流を促進する働きがある、いかにも火星的な性質を持ちます。消化促進効果もありますので、食欲のないときや胃がもたれ気味のときにはよいでしょう。

香りも高いので、ハーブを料理に使っても、精油をベジタブルオイルとブレンドしてマッサージオイルで使用しても、心身共にこわばった気持ちと体を開放してくれることでしょう。太陽がさんさんと注ぐ下で生育したバジル、そんなパワーが私たちを元気にしてくれるのでしょうか。

＊オススメの使い方

ハーブは料理にとても素晴らしい味を提供してくれます。精油は筋肉を柔らかくする働きがあるので、コリなどの解消やスポーツ後の筋肉疲労の改善を促進してくれることでしょう。

＊注意事項・禁忌

妊娠中の精油の使用は禁忌です。ちょっと肌に刺激性もありますので、希釈率は低めがよいでしょう。ほかのマイルドな精油3〜4滴に対して1滴くらいで十分なはずです。

＊ブレンドしやすいハーブと精油

スィートオレンジ、レモン、グレープフルーツ、ローズマリー、フランキンセンス

パセリ

科名：セリ科
学名：*Patroselinum sativum*

No.35

支配星：水星 ☿

＜香りの特徴＞

ややスパイシーな香りを持つハーブで、精油にするとちょっと甘い香りがプラスされます。生の葉は切ったり擦ったりすると強い香りになりますが、総体的には爽やかなグリーン系の香りを放ちます。ちょっと癖のある香りと味なので一度に多量に摂取することはなかなか難しいかもしれません。

＜心身に対する働き＞

サラダや料理の付け合せとしての利用が多いハーブですが、実は鉄分とビタミンCがたくさん含まれているハーブです。貧血気味の人にはとても良いハーブでしょう。

ホルモン様作用があるので、月経サイクルを調整する働きもあるといわれています。そのため、このような性質のある精油は妊娠中の使用は禁忌となります。

また、浮腫やセリュライト原因になる体内の水分停滞を改善するともいわれています。腎臓や膀胱を刺激するからだともいわれています。デトックスにもよいでしょう。

高ぶる気持ちを鎮静化させる働きもあるといわれますので、クールダウンをしたいときにパセリの精油を少しプラスして、トリートメントするのもよいでしょう。

＊オススメの使い方

調理に隠し味として。また料理の付け合せにすると料理が引き立ちますし、ビタミンCも多く含まれているので一石二鳥でしょう。

＊注意事項・禁忌

妊娠中の精油の使用は禁忌です。ハーブとしての食用は適宜であれば問題ありません。腎臓に刺激する作用があるといわれていますので、腎臓に疾患のある人の使用は控えてください。

＊ブレンドしやすいハーブと精油

ラヴェンダー、ローズマリー、スィートオレンジ、マンダリン、フランキンセンス、マージョラム

パチュリー

科名：シソ科
学名：*Pogostemon patchouli*

No.36

支配星：土星 ♄

＜香りの特徴＞

　精油の瓶の蓋を開けたとき、日本人にとっては書道のときの墨をする香りを感じられる方が多いのではないかと思います。またほんのりスモーキーで土の香りを感じられるでしょう。エキゾチックな香りのなかに、気持ちを落ち着かせるような独特な香りを持っています。

＜心身に対する働き＞

　心身を落ち着けさせるのにとても良い香りを感じられる方が少なくないと思います。蒸留された精油には収斂作用がありますので、お肌にダメージを与えられたときなどにはオススメの精油です。一説には、皺など老化した肌の改善にも良いといわれていますが、それは細胞の成長を促進する作用からくるものと考えられます。利尿作用もありますので、停滞気味の体内の水分除去やセルライトの改善にも効果的だといえるでしょう。

　その香りの効果からマイルドな催淫作用もあるといわれています。ほかの精油とのブレンドに1滴足すだけでも、ブレンドの奥行きを増してくれるマジック的な精油の一つです。

---- **＊オススメの使い方** ----

ベジタブルオイルで希釈してブレンドオイルを作り、塗布またはマッサージに。

---- **＊注意事項・禁忌** ----

希釈率によって効果が違ってくるといわれています。少量では鎮静を促し、多いときは心身共に刺激的な効果を促進するといわれています。

---- **＊ブレンドしやすいハーブと精油** ----

クラリセージ、ジャスミン、ラヴェンダー、ゼラニウム、ジンジャー、サンダルウッド、マンダリン、グレープフルーツ、ローズマリー

パルマローザ

科名：イネ科
学名：*Cymbopogon martini*

No.37

支配星：金星 ♀

＜香りの特徴＞

　名前のごとく少しローズの香りがしますが、シトラスの香りも感じられ、実はレモングラスとも近しい品種のハーブです。昔からローズの代用として使われてきたという史実があります。インドやマダガスカルなど、熱帯地域で多く生育、栽培されています。

＜心身に対する働き＞

　抗ウイルス作用や殺菌作用、解熱作用、収斂作用などがあり、比較的入手しやすい精油のため多くの人に石鹸や香水、化粧品などの香料としても使われてきました。お肌の手入れをはじめ、ニキビなどアクネ菌除去にも効果があるといわれています。内臓のトラブルによる吹き出物ではない、菌によるお肌トラブルには効果的な作用を発揮します。

　化学成分的には、実はローズより美肌効果があるともいわれています。

　殺菌効果もあるので、水虫の原因になる白癬菌除去にも効果があるといわれます。ただし、重症化しないために早めの対応が必要です。

---*オススメの使い方*---

ベジタブルオイルと希釈してブレンドオイルとして使う。精油を重曹・塩などと希釈してフットバスに入れれば、白癬菌の減少および除去に力を貸してくれるでしょう。

---*注意事項・禁忌*---

特にありませんが、精油を使うときには必ず希釈してください。

---*ブレンドしやすいハーブと精油*---

ラヴェンダー、マンダリン、スィートオレンジ、ジャスミン、ゼラニウム

フィーバーフュー

科名：キク科
学名：*Tanacetum parthenium*

No.38

支配星：金星 ♀

<香りの特徴>

ちょっと苦味を含んだ香りで、同じキク科の仲間なのでヨモギとも香りが似ています。いかにも草という香りですが、香りより実際の味はかなり苦味があります。

<心身に対する働き>

ヨーロッパ各国では古くから片頭痛緩和のハーブとして親しまれてきました。脳の毛細血管を拡張する働きがあるといわれ、血行を促進して、頭痛などのトラブルを改善するといわれています。フィーバーフューの単体はかなり苦味のあるハーブです。それでも病院などで検査をしても何も問題が出なかったような片頭痛にはとても効果があるようです。苦味も薬のうちということでしょうか。また、苦味が強いわりにはブレンドも楽しむことができます。ミント系のハーブをブレンドすると、胃腸もさっぱりするような感じがしますし、頭もクリアになるハーブティーです。前の日に飲み過ぎたり、気分がいま一つスッキリしないときなどにオススメのハーブです。

＊オススメの使い方

ハーブティーでの飲用。フィーバーフューの単品は苦いのでブレンドをして飲用されるとよいでしょう。

＊注意事項・禁忌

いくら片頭痛に良いといっても、頭痛にはほかの病気のシグナルということもあります。医療機関で検査をしてなおかつ問題が不透明な方には症状緩和になりますが、そうでないときもあるので注意が必要です。数回の飲用で改善されなかったら迷わず医療機関での検診を。

＊ブレンドしやすいハーブと精油

残念ながら精油は市販されていません。ハーブティーとして飲用されるのがよいでしょう。ペパーミントやスペアミント、オレンジピール、レモンピール、ジンジャー、ネトルなどがブレンドしやすいでしょう。

フェンネル

科名：セリ科
学名：*Foeniculum vulgare Mill.*

No.39

支配星：水星 ☿

＜香りの特徴＞

ちょっと漢方っぽい香りという印象ですが、ヨーロッパでは古くからキャンディやクッキー、パンなどにはシード（種）が織り込まれていたり、食用としても多く利用されてきた、スパイシーななかにもフローラルな香りを持ちます。

＜心身に対する働き＞

かなり古くから、薬草としての位置づけがあるハーブなので、香りだけを嗅いでも滋養強壮作用を感じる人は多いと思います。特に産後の母乳を促進するといわれていますし、ホルモンを刺激する作用があるので、更年期のトラブルの症状緩和にも効果的でしょう。

食欲調整作用があるといわれています。特に神経系からくる胃腸にダメージを受けたときの症状緩和には効果的だといわれています。

体内の毒素を排出促進する利尿作用にも長けています。溜まりがちな毒素やその沈滞によって起こり気味になるセリュライトの症状緩和にも良いとされています。二日酔いの症状にも良いといわれています。

＊オススメの使い方

ブレンドオイルを作っておいて、セルフマッサージなどされるのもオススメです。料理に応用しやすいハーブでいろいろなレシピがあります。特に魚介類の煮込み料理に最適とかのギリシャ時代の医師ガレノスも食事療法のなかで唱えています。ハーブティーが比較的安易でしょう。

＊注意事項・禁忌

妊娠中はハーブも精油も禁忌です。癲癇（てんかん）の症状のある人も精油の使用は控えてください。

＊ブレンドしやすいハーブと精油

マンダリン、スィートオレンジ、グレープフルーツ、ゼラニウム、ローズマリー、フランキンセンス

ブラックペッパー

科名：コショウ科
学名：*Piper nigram*

No.40

支配星：火星 ♂

<香りの特徴>

ハーブの実は鋭いスパイシーな香りがしますが、精油は遠くでほんの少し甘さを感じるようなスパイシーな香りに変わります。トップノートのブレンドに1滴入れると香りに奥行きを引き出してくれます。

<心身に対する働き>

火星の支配下にあるブラックペッパーは、血流促進がテーマになります。冷え性の人には必須のハーブであり、精油になることでしょう。また血流を促進することによって慢性的なコリの緩和にも良いとされています。造血の臓器、脾臓を強化する働きも報告されていますので、アザができやすい人や貧血気味の人にもオススメです。スパイス系のハーブは消化器系の働きの促進も促します。血行も促進されますので、必然的にデトックス作用が促進され、基礎代謝を上げることにつながっていくので、ちょっと滞り気味を感じている人にはオススメです。

香りもほかの香りに奥行きを加える効果があるので、今までのお気に入りの香りに1滴プラスして楽しんでみてもよいかもしれません。ちょっと気持ちが落ち込み気味のときにも、新たな活力を生み出すサポートをしてくれることでしょう。

＊オススメの使い方

肉料理・魚料理の下ごしらえのときに挽いたブラックペッパーは食材の味を引き締めます。

＊注意事項・禁忌

精油は、高濃度で使用するとお肌に刺激的になりますので、1％以下の希釈率がオススメです。1％希釈とは小さじ1（5mℓ）に1滴のことです。

＊ブレンドしやすいハーブと精油

ローズ、ゼラニウム、ラヴェンダー、ローズマリー、サイプレス、ジュニパーベリー、スィートオレンジ、クラリセージ

フランキンセンス

科名：カンラン科
学名：*Boswellia carterii*

No.41

支配星：太陽 ☉

＜香りの特徴＞

荘厳な香りがベースにあり、少し柑橘系の香りを感じられる、爽やかに気持ちの奥へ誘導される香りです。これは古くから寺院や教会でも使われてきたという史実があり、気持ちを鎮静する働きがあるのでしょう。日本でも古くから香木として親しまれてきた香りです。

＜心身に対する働き＞

はるか昔、東方の3博士が幼子イエスに贈った物の一つとして有名なフランキンセンスは、別名「乳香(にゅうこう)」ともいわれています。昔から瞑想のための香りとして親しまれてきました。

呼吸器系に働きかけ、深い呼吸を促すと共に緊張した気持ちを解きほぐしてくれる働きがあります。精油にはスキンケア効果もあります。お肌のターンオーバーを早めるため、傷跡の回復などにも役立ちますので、ブレンドオイルやクリームとして毎日のスキンケアにもオススメです。老化した肌にも抜群の効果を発揮しますので、アンチエイジングには欠かせない精油といってもよいでしょう。比較的安全な精油なので妊娠期（初期は除く）もストレッチマークの予防としてもオススメです。また、呼吸器系の風邪を引いてしまったときには胸にブレンドオイルを塗布されると諸症状を緩和する働きがあります。

＊オススメの使い方

インセンスとしてお部屋に香らせる。キャリアオイルや蜜蝋とブレンドしてマッサージオイル（クリーム）として塗布。

＊注意事項・禁忌

精油は必ずキャリアオイルでブレンドしてから使いましょう。

＊ブレンドしやすいハーブと精油

ラヴェンダー、マンダリン、スィートオレンジ、ミルラ、ローズマリー、グレープフルーツ、ゼラニウム、サンダルウッド、ブラックペッパー、ジンジャー

ペパーミント

科名：シソ科
学名：*Mentha piperita*

No.42

支配星：金星 ♀

＜香りの特徴＞

メンソール系のスッとした爽やかで刺激的な香りです。葉を噛むと口腔内が爽やかになります。この爽やかさが古くから人類にとってかけがえのないものであったようで、多くの飲料や食品、香料に利用されてきました。

＜心身に対する働き＞

強いが爽やかな香りのミントは古くから私たちの傍にいて、活用されてきたようです。主に食品は嗜好品として日々の生活を爽やかにしてくれていたのではないでしょうか。

食品として摂取することによって、胃腸を強化して、胃腸のトラブルの緩和も促進してくれることでしょう。

精油は筋肉を刺激し、筋肉のコリをほぐしてくれる働きがあります。これはHOT（温める）にもCOLD（冷やす）にも作用し、筋肉のトラブルを調整してくれます。また、殺菌作用もあるので、口腔内や室内を程よく除菌してくれるでしょう。

＊オススメの使い方

生・ドライのハーブは食品やハーブティーとして単品でもよいですし、ブレンドでも美味しく召し上がれます。精油はベジタブルオイルと希釈してブレンドオイルとして塗布またはマッサージにオススメですし、エタノールと共にルームスプレーとして抗菌することもできます。エタノールと希釈して作ったスプレーはキッチンの除菌（まな板や冷蔵庫）にも応用できます。

＊注意事項・禁忌

妊娠中、ホメオパシー治療をされている人（効果が相殺されてしまうそうです）は禁忌です。

＊ブレンドしやすいハーブと精油

スィートオレンジ、マンダリン、レモン、ローズマリー、ラヴェンダー、フランキンセンス、サイプレス、マージョラム

ホップ

科名：アサ科
学名：*Humulus lupulus*

No.43

支配星：火星♂

＜香りの特徴＞

　ビール工場の周りはとても良い香りがするといわれています。ホップはビールの材料として重要なハーブです。「ハーブ！？」と思われるかもしれませんが、実はビールは昔、ハーブを管理していた修道院で作られていました。ビールは約４千年前、占星術が発達したバビロニアで偶然誕生したものといわれています。

＜心身に対する働き＞

　中世のヨーロッパでは医療業務のほとんどは修道院内で行われていましたし、ハーブの栽培もなされていました。ホップは雑菌の繁殖を抑える働きが顕著だといわれ、保存するには必須だったのでしょう。ワイン製造もまた修道院での重要な仕事でした。シャンパンで有名なドン・ペリニヨンもランスの修道士で、製造過程で試行錯誤を繰り返すうちに発泡させる技術を開発し、今や世界に名だたるシャンパンとなっています

　アルコールはある種、血行促進し活力を漲（みなぎ）らせます。しかも昔の修道士は医師という役目もあったので、こういった処方薬が必要だったのでしょう。適宜のアルコールの飲用は血行促進に効果的で、体内の循環が良くなれば、活力も生まれ免疫力もアップするという期待が持てるでしょう。

＊オススメの使い方

ハーブティーとしての飲用。単品よりブレンドしたものがよいでしょう。法定年齢をクリアしている人なら適宜なビールでの飲用も効果的でしょう。そのときは、きちんと成分の基準を満たしているものをお飲みください。

＊注意事項・禁忌

アルコールの場合は、飲用には年齢制限があります。飲み過ぎも逆効果になります。

＊ブレンドしやすいハーブと精油

ハーブでのブレンドはミント類が合わせやすいでしょう。

マージョラム

科名：シソ科
学名：*Origanum majorana*

No.44

支配星：水星 ☿

＜香りの特徴＞

ソフトでスパイシーな香り。地中海料理には欠かせないハーブの一つです。肉を柔らかくして、肉や魚介の臭みを取ります。

＜心身に対する働き＞

食材の臭みを取り除き、食欲を増進させてくれるハーブの一つで、古くから利用されてきました。食欲を出すということは、人の生存に不可欠なことなので、その需要は計り知れないものがあったことと思います。精油の効能は神経系の伝達を良くするといわれています。このことが水星に対応するということになったのかもしれません。

神経質になってしまったとき、心が落ち着かないときにはとても良いパワーを発揮します。鎮静作用が優れているので、不安やさびしさを取り除いてくれるといわれています。強心作用もあるといわれています。ただし、血圧が低めの方は多量の使用は注意してください。鎮静作用は筋肉痛などの緩和にもなります。血行を良くする働き（特に手や足などの末端）があるので、冷え性の改善と、血行促進はこわばった体や体液の流れを良くして、新陳代謝の増進にもつながっていくでしょう。こむら返りの症状緩和にも効果的な代表的な精油です。

- ＊オススメの使い方

ハーブは食材として、精油はブレンドして塗布またはマッサージに使用すると効果的です。

- ＊注意事項・禁忌

精油の使用は妊娠初期には禁忌です。それ以降は低希釈なら可能といわれていますが、使用時は精油の専門家やアロマセラピストなどに聞いてから使用してください。

- ＊ブレンドしやすいハーブと精油

マンダリン、スイートオレンジ、ラヴェンダー、ローズマリー、レモン、カモミールローマン、サイプレス

マートル

科名：フトモモ科
学名：*Myrtus communis*

No.45

支配星：水星 ☿ と金星 ♀

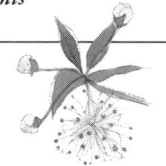

＜香りの特徴＞

　強い芳香性のある花ではありませんが、鼻を近づけると、ほのかな甘い香りがするのが特徴。同じく葉もこするとやさしい香りがします。スィートマートルは常緑樹であり、美と貞節の象徴として欧米では婚礼などの花輪に使われています。ルネッサンス期の画家、ティツィアーノの『ウルビーノのヴィーナス』の絵画の後方に、マートルの鉢植えが描かれていて、バラと共に美のアトリビュートとして表現されています。

＜心身に対する働き＞

　香りはパワフルではないので、一見通りすぎてしまいそうな低木樹木ですが、古くから葉の部分に殺菌作用と収斂作用があるのが知られていて、ティンクチャー（煎じた液）にして患部に湿布として使われてきたという伝統治療薬です。桃の葉のようにティンクチャーを入浴時に入れて汗疹（あせも）や肌荒れの緩和にも活用できるでしょう。精油として抽出されたものは、香りは生のときよりもパワフルになり、心地良い香りを誘います。美肌効果があるといわれるリナロールやゲラニオールを多く含んでいます。やさしい香りのため、リラックス効果があり、お休み前に使用すれば良い睡眠を得ることができるでしょう。

- - - ＊オススメの使い方 - - -
昔からマートルの実をリキュール（ミルト酒）に入れて飲用していました。精油は比較的ブレンドしやすい香りなので、トリートメントなどによいでしょう。

- - - ＊注意事項・禁忌 - - -
適宜の使用なら特に問題や禁忌はありません。

- - - ＊ブレンドしやすいハーブと精油 - - -
ローズマリー、ラヴェンダー、マンダリン、グレープフルーツ、フランキンセンス

マンダリン

科名：ミカン科
学名：*Citrus reticulata*

No.46

支配星：太陽 ☉

<香りの特徴>

柑橘系独特の爽やかな香りですが、そのなかでも比較的マイルドな甘い香り。日本の温州みかんと同じルーツを持つといわれています。

<心身に対する働き>

甘くてソフトな香りは誰からも好かれる香りの一つでしょう。

気分的に沈みがちなときも改善の方向に向けてくれるパワーがあります。収斂作用もあるのでスキンケアにとても重宝される精油が取れます。

妊娠初期からでも比較的安全に使うことができますので、ストレッチマークの予防に欠かせない精油です。同じくストレッチマークに良い精油ではネロリがありますが、高価なのでマンダリンをお使いいただく方が適正のような気がします。

もちろん、精油でなくマンダリンフルーツを食べるという方法もオススメです。フレッシュな果実をそのままいただいてもよいですし、フルーツティーとしてほかのフルーツとミックスしてもステキなブレンドティーをお楽しみいただけるでしょう。

＊オススメの使い方

フルーツとして食用または飲用します。精油はベジタブルオイルとブレンドしてマッサージオイルで使用します。

＊注意事項・禁忌

適宜に使用すれば妊娠中でも使える比較的安全な精油です。

＊ブレンドしやすいハーブと精油

ラヴェンダー、カモミールローマン、マージョラム、ローズマリー、フランキンセンス、サンダルウッド、サイプレス、クラリセージ

メリッサ

科名：シソ科
学名：*Melissa officinalis*

No.47

支配星：木星 ♃

<香りの特徴>

ほんの少しツンとするレモンのような香りでレモンバームとも呼ばれ、古くから親しまれてきたハーブです。

<心身に対する働き>

古くからハーブティーなどで親しまれてきたことはもちろん、生の葉はさまざまな料理にも使われてきました。香りづけの効果は抜群ですし、滋養強壮効果があるのでほかのスパイスなどと同様に食生活に生かすとよいでしょう。頭痛や消化不良、吐き気などの改善にも役立ちます。

またメリッサ水と呼ばれ、アルコールでメリッサのエキスを抽出したものは消化促進や快眠効果があるといわれ（熱いお湯の入ったティーカップに2〜3滴入れて飲用）、ヨーロッパでは古くから親しまれてきました。今でもメリッサ水はヨーロッパの教会などの付属施設などで作られており、自然薬局で手に入れることができます。

精油は生のものより香りは強くなりますが、抗アレルギー作用があるので、アレルギーをお持ちの人のマッサージに使える数少ない精油のうちの一つです。ただし、希釈率は1％以下がよいでしょう。葉はすぐに成長するわりには精油が少ししか取れませんのでかなり高価です。

*オススメの使い方

調理のときのスパイス的な隠し味として。またハーブティーが一番手早く摂取していただけるでしょう。精油は必ずベジタブルオイルで希釈してからお使いください。

*注意事項・禁忌

妊娠期間（特に初期、中期）、敏感肌の方が使用されるときは希釈率に注意してください。

*ブレンドしやすいハーブと精油

ラヴェンダー、カモミールローマン、フランキンセンス、ローズマリー、ゼラニウム、ジャスミン、ネロリ、マージョラム

No.48

ヤロウ

科名：キク科
学名：*Achillea millefolium*

支配星：金星 ♀

＜香りの特徴＞

学名が「千の花たち」となっているように花部は細かな花で形成され、ほのかな甘い香りを感じさせられます。葉からはナツメグのようなちょっとスパイシーな香りがし、ちょっと苦味もあります。

＜心身に対する働き＞

古くから花の部分は、ハーブティーやティンクチャーとして消化促進や利尿作用、血圧降下作用、デトックス効果などがあるといわれ、民間療法で使用されてきました。

蒸留するとカモミールジャーマンと同じようなアズレンという青い物質が生まれ、これは抗アレルギー作用と抗炎症作用があるといわれています。アトピー性皮膚炎など症状緩和には良いといわれますが、そのときの希釈率は1％くらいがよいでしょう。ただし、必ずパッチテストを行ってください。

また、精油を使っての塗布はインフルエンザや風邪、関節炎などの各トラブルの緩和に良いといわれています。呼吸器系の血行促進を期待できます。

一番手軽な方法はハーブティーとしてブレンドしていただくと、風邪の諸症状の緩和にもよいでしょう。単品でも効果はありますが、のどの痛みがあるときは蜂蜜を少し加えてもよいでしょう。

＊オススメの使い方
ハーブティーとして飲用します。精油をベジタブルオイルで希釈して塗布します。

＊注意事項・禁忌
妊娠期の使用は避けること。また感光作用があるので、使用後には太陽の日差しは避けてください。

＊ブレンドしやすいハーブと精油
クラリセージ、ローズマリー、ジュニパーベリー、レモン、スィートオレンジ、マンダリン、ラヴェンダー、アンジェリカ

ユーカリ

科名：フトモモ科
学名：*Eucalyptus globules*

No.49

___

支配星：水星 ☿

＜香りの特徴＞

　カンファー（樟脳）の香りが強く感じられます。意識をはっきりさせてくれるような感じを得ることができるので、頭脳をクリアにしてくれるのでよいでしょう。

＜心身に対する働き＞

　抗ウイルス作用があり、呼吸器系のトラブルを感じたときにはいろいろなサポートをしてくれます。鼻粘液排出作用があるので風邪や花粉症などで鼻が詰まったときにはとても効果的で、強い香りと共に症状緩和に役立つことでしょう。

　気分のスッキリしないときにも、効果が期待できます。

　筋肉を冷やす効果もあるといわれますので、運動後の張った筋肉の鎮静にも効果が期待できるでしょう。

　頭脳明晰にする効果もあるので、何かをスタートさせたり、集中力が必要なときにはとても良いサポートをしてくれる精油です。

---*オススメの使い方*---

香りを嗅ぐだけでも効果が期待できます。ベジタブルオイルと共に希釈して塗布することも有効です。そのときは、希釈率は低めがオススメです。濃度が高いと冷却作用があるので、肌寒さを感じてしまうこともありますので、注意してください。

---*注意事項・禁忌*---

癲癇の気質のある方や高血圧の方、ホメオパシーの治療をされている方は禁忌です。コアラのみ食べることがいわれています。通常、人への食用および飲用は避けてください。

---*ブレンドしやすいハーブと精油*---

ローズマリー、ラヴェンダー、ジュニパーベリー、マンダリン、スィートオレンジ

ユズ

科名：ミカン科
学名：*Citrus junos*

No.50

支配星：太陽 ☉

＜香りの特徴＞

ちょっと苦味を含んだ爽やかな香りで、日本でも古くからお料理の薬味や香りづけに使われてきた柑橘系の果物です。冬至のときにはこのユズを入浴時に使い、ユズ湯を楽しまれる人も多いでしょう。食べても美味しい果実です。

＜心身に対する働き＞

香りは人の心を動かします。柑橘系特有の明るく爽やかな香りは、気分が落ち込んだときや落ち込み気味のときには、早急に気分をリカバリーしてくれるでしょう。また、食欲を促進する働きもあるので、薬味に使っていただくのもよいでしょう。果実をスライスしてハーブティーとして蜂蜜を加えていただいても風邪の症状を緩和してくれます。精油はほとんどの場合、圧搾蒸留法といって果皮を圧搾して採取します。水蒸気蒸留法でも採取は可能ですが、価格が高くなるのが難点です。冬の日本では比較的手に入りやすい果実なので、ちょっと食材にアクセントが欲しいときなどに効果的でしょう。正常な食欲は健康維持の大切なキーワードと成り得ます。

---- ＊オススメの使い方 ----

食材としてもとても効果的です。精油で使用する場合、希釈率は低めがよいでしょう。柑橘系の精油は一般的に高濃度だと痒みを誘発することがありますので、入浴時に使うときは精油より、果実を使用することの方がお肌にもマイルドでしょう。

---- ＊注意事項・禁忌 ----

精油の高濃度の使用は控えてください。日中の精油の使用はシミやソバカスの原因になることがあるので注意してください。

---- ＊ブレンドしやすいハーブと精油 ----

比較的、仲介役になってくれる香りの働きがあります。ラベンダー、ローズマリー、ゼラニウム、マージョラム、カモミール、サイプレス

ラヴェンダー

科名：シソ科
学名：*Lavandula officinalis*

No.51

支配星：水星 ☿

＜香りの特徴＞

フローラルと草っぽい爽やかな香りがメインですが、育った場所によって変わってきます。いわゆる「THE AROMATHERAPY」といった面持ちがあります。

＜心身に対する働き＞

アロマセラピーは「ラヴェンダーから始まりラヴェンダーに戻る」ということを体験された人は多いと思います。かなり使い勝手が良く、万能のハーブであり、精油です。

精油に関しては、直接肌につけられる数少ない精油です。ちょっとした切り傷や火傷、虫刺され、にきび、吹き出物などの患部に直接つけていただければ、治りを早めます。スキンケア効果も高いのが特徴です。またリラックス効果が高いので、ハーブ、精油共に入浴剤としての使用も効果的でしょう。鎮痛作用もあるので、コリの緩和や筋肉痛の緩和にもとても効果的です。枕元にドライハーブのラヴェンダーのサシェ（匂い袋）を忍ばせておくととても良い睡眠を促進します。家庭に一本あるととても便利な精油です。

＊オススメの使い方

生・ドライのラヴェンダーはサシェ（匂い袋）として虫よけやルームフレグランスに。精油はブレンドオイルとして（ベジタブルオイルで希釈）マッサージに。

＊注意事項・禁忌

妊娠初期、中期の使用は控えてください。低血圧の方の多量使用も注意してください。これから何かしようと思うときは控えた方が無難です。ラヴェンダーには複数の種類があり、効能はそれぞれ微妙に違います。本書では *Lavandula officinalis* に関しての効能です。

＊ブレンドしやすいハーブと精油

ローズマリー、グレープフルーツ、ゼラニウム、マンダリン、フランキンセンス、クラリセージ、カモミールローマン、レモン

No.52

リンデン

科名：シナノキ科
学名：*Tilia europaea*

支配星：木星 ♃

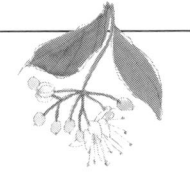

＜香りの特徴＞

生のハーブは深くもあり、そして軽やかなスパイシーな香り。精油はなかなか手に入りませんが（コールタール状）、少しプラムの実のような香りがします。

＜心身に対する働き＞

リンデンは、昔から呼吸器系のトラブルに用いられてきました。また、葉と花はハーブティーに利用されてきました。誘眠作用もあるといわれているので、リラックスしたいときに最適なハーブティーでしょう。また食後などに召し上がっていただくと消化も促進してくれるでしょうし、滋養強壮効果も期待できるでしょう。

日本では精油はなかなか手に入りませんが、手に入ったときはなかなか面白いブレンドが楽しめます。香りに奥行きがあり長持ちしますので、深いブレンドが楽しめます。

ブレンドオイルはこれから何かしようというときではなく、一段落したときやお休み前用にお使いいただくのがオススメです。

＊オススメの使い方

ハーブティーが比較的簡単に飲用できるでしょう。風邪気味のときなどに少し蜂蜜を入れて飲用すると、のどのイガイガが和らぎます。また、呼吸器系の症状緩和にもオススメです。

＊注意事項・禁忌

特にありません。適宜にお使いいただければ問題ありません。

＊ブレンドしやすいハーブと精油

ジャスミン、グレープフルーツ、スィートオレンジ、マンダリン

レモン

科名：ミカン科
学名：*Citrus limonum*

No.53

支配星：水星 ☿

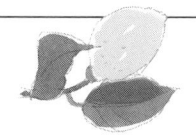

＜香りの特徴＞

ちょっと酸い、爽やかな香り。料理の香りづけやルームフレグランスにと、その爽やかな香りは気分をアップしてくれるでしょう。

＜心身に対する働き＞

古くからその爽やかな香りは、人々に親しまれてきました。その香りを嗅ぐとほとんどの人は気分がリフレッシュされたような気持ちになるのではないでしょうか。

しかし、肌への塗布はちょっと刺激が強いかもしれません。フレッシュなものでも精油でも太陽の光には気をつけてください。シミやソバカスの原因となりやすいです。また濃過ぎる精油は痒みを誘発するときがあります。特に入浴剤に使用するときは、希釈率は1％くらいで低めに抑えてください。

ベジタブルオイルにレモンの精油を入れたものを作り、リムーバーなどで傷んだ爪をリカバリーしてくれます。

また、レモンの持つ色と香りは気分がちょっと落ち込み気味のときにはとても良い果実であり、精油です。フレッシュなレモン汁は塩分を制限されている人には良い助けとなるでしょう。

＊オススメの使い方

ベジタブルオイルで希釈してマッサージオイル。ルームスプレーなどの使用はリフレッシュ効果を感じるのは最適の方法でしょう。

＊注意事項・禁忌

日光の下での使用には注意してください。光を集めやすくシミの原因になりやすいです。入浴時に精油を入れると、痒みを感じることがありますので、精油のときは控えめに、もしくはラヴェンダーなどとブレンドした入浴剤を作って使用してください。

＊ブレンドしやすいハーブと精油

ローズマリー、ラヴェンダー、ライム、サイプレス、サンダルウッド、ゼラニウム

ローズ

科名：バラ科
学名：*Rosa damscena*

No.54

支配星：金星 ♀

＜香りの特徴＞

優美な美しい香りを持つ花で、はるか昔から多くの人に親しまれてきました。その芳香は人を引きつけずにはいられない香りです。かぐわしくも気品のなかに、誰をも魅了する魅惑の香りが存在します。人類の存続をサポートした香りといってもよいでしょう。

＜心身に対する働き＞

バラの持つ香りはほとんどの人を華やかな気持ちにさせてくれることでしょう。またバラは人類にとってはある種のマジック的要素が含まれ、多くの伝説やシンボルを生み出してきました。形状的なことや香りによる効果を人々が受けるということは大変大きいと思います。成分としても美肌効果のあるものが多いのでスキンケアにも古くから使用されてきました。また生殖器強壮の作用もあるため、女性にとっては乱れた月経サイクルを調整してくれる働きも報告されています。

ちょっと気持ちが落ち込んだときなどにバラは老若男女問わず、晴れやかな気持ちにしてくれることが多いでしょう。

＊オススメの使い方

ハーブティーのブレンドとして。精油をベジタブルオイルで希釈してのマッサージオイルもオススメです。

＊注意事項・禁忌

残念なことに精油は花びらエッセンスを抽出するので高価です。バラ含有のプロダクツもたくさん市販されていますが、安価なものは香りも本物とはほど遠く、またスキンケア用品に至っては逆効果も生み出すことがあるので注意してください。

＊ブレンドしやすいハーブと精油

単品でも十分に効果と香りは楽しめます。しかし、ブラックペッパーやジンジャーを隠し味的に1滴（ローズ3〜4滴に対して）プラスしてみると、香りが引き締まるという特性もあります。

ローズマリー

科名：シソ科
学名：*Rosmarinus officinalis*

No.55

支配星：太陽 ☉

＜香りの特徴＞

生葉は枝を擦るとスッキリした香りが漂います。それは1.8シネオールという成分によるもので呼吸器系に働きます。清涼感のある香りです。ナポレオンが生を受けたコルシカ島（フランス領）はローズマリーが一面に生い茂っていたといわれます。そこで幼年期を過ごしたナポレオンはローズマリーの香りが大好きだったそうです。

＜心身に対する働き＞

香りは過去を呼び戻します。幼いころ、多くの幸せな思い出を持っている人は香りで多くのことを思い出すことでしょう。ナポレオンも戦い、高みを望んで到達してもやはり好きな香りはローズマリーだったそうです。

ローズマリーにはエネルギーを高める効果があると共に、呼吸器系のトラブルを緩和します。また鎮痛作用もあります。筋肉痛やコリなどの症状を緩和するのにも役に立ちますし、ゼラニウムの精油とブレンドするとリンパの促進がはかれるということも報告されています。また、気持ちをシャキッとさせる効果もあるので、眠気を追い払って集中を高めたいときもよいでしょう。

＊オススメの使い方
生でもドライでもハーブは肉を柔らかくし臭みを取るので料理にオススメですし、ハーブティーのブレンドにもよいでしょう。また精油をベジタブルオイルで希釈して、下記の精油とブレンドしてマッサージオイルを作ったり、ルームスプレーにブレンドするのもオススメです。

＊注意事項・禁忌
精油は妊娠期、乳幼児、癲癇（てんかん）の症状がある人、高血圧の人の使用は避けましょう。

＊ブレンドしやすいハーブと精油
ラヴェンダー、ジュニパーベリー、スィートオレンジ、レモン、ゼラニウム

❋ コラム

Column.3
天体のメッセージを手軽に応用する（月の満ち欠け）

　天体の一つ、「月」は約2日半で一つのサイン（星座）を移動します。そして約28〜29日半で満ちたり欠けたりしながら12サインを一巡します。

　新月をスタートと意味づけ、月の満ち欠けを地上の私たちへのメッセージとして読み取ってみると、新月は太陽と重なっていて、地上からは見ることはできません。まさに「無」の状態と表現してもよいでしょう。そして毎日段々と光を浴びる範囲が増えて7日後には上弦の月、そのまた7日後は満月となり夜空にくっきり浮かぶ姿を見ることができます。月は人工的な明かりの都会の空にもその姿を現してくれます。そのまた7日後は下弦の月、そしてまた欠け始め約7日経つと新月になっていきます。

　新月は「始める」というキーワードを持ち、新しいことをスタートさせるのにとても効果的という意味になります。新しいことにチャレンジする、今までとは違った分野の勉強始めるのにはベストタイミングです。「新月にお願い事をする」のもよいといわれ、ちょっと思いついたことを手帳に記入しておくのもよいでしょう。

　上弦の月には始めたことが順調にいっているか検証してみましょう。満月時には検証したことが本当に今の時期に合っているか再検証します。上手くいかないときは、時期が早急だったか、または手段が的確だったかどうか検証する必要があるでしょう。もちろん、順調に事が運んでいる場合はタイムリーだったと思われてよいでしょう。

　時期が違った、または手段が違ったと思ったら、満月を境に見直しをしてみましょう。手放すことも大切なことです。人の心身のキャパシティには限界があります。思い切って手放すことによって、次の新しいビジョンや入るキャパシティが誕生します。

　ダイエットも満月後が最適といわれ、お部屋の整理整頓にも適しているといわれています。

　月の満ち欠けを意識するだけでも、宇宙のサイクルが取り入れられ、毎日の生活にメリハリがつくことでしょう。

IV

ハーバルアストロロジーケーススタディ

① チャートで何がわかるのか

「自分を知ることが一番難しい」
チャートには人生が凝縮されている

　古代ギリシャの7賢人の一人タレスは、「一番難しいことは自分自身を知ること」といったそうです。確かに私たちは自分より他者の行動パターンなどは良い悪いは別として、知ることができます。たまに理解しがたい人もいますが、それは人それぞれで自分自身のなかにそれぞれのルールを持っているからでしょう。

　そのルールとは一体何でしょうか。人は生まれて育った家庭のルールを持って社会に飛び出していきます。幼年期、他者のことが認識できるようになって集まる集合体である幼稚園や保育園のそれも年長くらいになると、自分の育った家庭とは違った考えがあることに気がつき、トラブルになったりした経験があるのではないでしょうか。年齢が上がるともっと顕著にその差を感じていき、認識したりしていくのですが、その根底にあるのがその人のルールです。ルールは人の心のうちや家庭に内在するのでとてもわかりにくいものとなって現れます。

　そんな疑問に対して、チャートは私たちにある種の形や考えるテーマとして提案してくれているのではないでしょうか。チャートとは、古代からの先人の知恵と統計学から割り出された知恵で、脈々と変容しながらも伝わる人間の行動パターンの凝縮図だといえるのではないかと思っています。

　最初、私はあまり占いというものに興味を持たずに育ってきた長い歴史があります。それが、アロマセラピーなどの自然療法を学ぶ過程で星読みに出合い、その奥深さを目のあたりにし、驚きと共に今まで解決のできなかった人生の答えを見つける一つのルールとして素晴らしいものがあるの

を幾度となく体感しました。

「星占い」はたんなる「占い」ではなく、古代の人が自分を、そして他者を知るための生きる知恵を授けた一種の学問だと思っています。

しかし、それは使う人によっては「まやかし」にもなりかねない要素も持ち合わせていることも事実です。

出生図に関しても、良いチャート悪いチャートはないと思っています。ソフトアスペクトがたくさんあるから幸せだとか、ハードなアスペクトだと不運がたくさん訪れるとかではないように思いますし、またハードアスペクトを多く持つチャートの人で、名を残した人がたくさんいらっしゃるように、天体はその人に「気づく」ことのメッセージを投げかけてくれているのです。

「星のメッセージをどう受け取るか」

このツールに振り回されることなく、自分の人生をより良く切り開くための座右の教えとして活用することがよいのではないでしょうか。

② チャートのどこを見ればよいか

出生図は、まずどこを見るか？

太陽星座だけではなく月の星座や ほかの天体も加味することが大切

　通常、「占い」で使われているのは太陽がその人にとってどこにあるかということが中心の太陽占星術が一般的です。ただし、これは万人にある程度フィットするように考えられているので、当てはまらない人もたくさんいると思います。

　前項でもお話ししたように、10の天体がどこに位置しているか、そしてその天体同士の関係性をあらわすアスペクトの状態はどうか、出生時間がわかるのならハウスも確認できるので、より具体的な行動パターンや状況を推測することができるのです。

　太陽の星座は一つなのに対してほかの星座にその人の天体がたくさん入っていたとしたら、その人にとってはその星座の色が濃くなるということもありますし、始まりの起点であるアセンダントに特別な天体が接触していたらその特色も重要視しなくてはなりません。ですが、各々にとってやはり太陽がどこになるかは重要になります。太陽はその人のエネルギーの出し方を象徴するからです。

　個人的な話になりますが、私は蠍座である自分が、雑誌の「星占い」のコメントにフィットすることができず興味を持てない時期がかなりありました。こうして占星術のことを書いているのが不思議なくらいなのです。初めて友人が私の出生図を作成してくれたとき、月が射手座にあり、正式な占星術は全部で10天体を加味して見るということを聞いて納得し、その後

メディカルアストロロジーの講座に巡り合い、深みにはまっていった経緯があります。蠍座であることが嫌だったのは、自分がネガティブなときには蠍座的になり、ポジティブなときには射手座が出ているという、要するに嫌な自分を見たくなかったということでしょう。

「私は○○星座」といわれてちょっと違う感じる人は、もしかしたらほかの星座に太陽以外の天体が集まっていたり、ある特定の天体が意味あるアスペクトを取っている場合があるかもしれません。

また、月のある星座もとても重要です。感情や自分では気づかないことを示唆していることも多々あります。いわゆる「本音」の部分を司ります。特に女性は月星座も重要だといわれています。あなたの月はどこにあるでしょうか。その月を認識するだけでも、星のメッセージは多くのことを読み取れると思います。

出生の時間も正確にわかれば、またその人の行動パターンもより推測しやすくなります。ハウスの概念が考慮されるので、より深く分析が可能になれるというわけです。

次項からははじめての人にとって、「まずはここを見てほしい」という、①太陽、②月、③アセンダントについて解説します。

太陽星座を見るときのポイント

ユングが唱えた「元型」が太陽星座の表れ
ちょっとしたしぐさにも影響が出ている

生まれたときの太陽の位置は、その人のエネルギーの出し方を示唆しています。何か物事が起こったときに人はいろいろな決断や判断をします。その方法は千差万別なのではないでしょうか。それが人の行動だと思うのですが、それはどうやって起こるのでしょう。それぞれの育ちやバックグラ

ウンドももちろんありますが、気質によるところも多いのではないでしょうか。その気質こそが、心理学者のカール・グスタフ・ユングが唱えたアーキタイプ（元型）へとつながっていくのではないかと思います。太陽星座のメッセージはそれをきちんと意識させて行動していく守備範囲になります。

　牡羊座の人は、誰よりも早くスタートを好むというのも、実は春に芽が出るということを意識したものでしょう。そこで少しさかのぼりますが、実は人間の行動の発起点は、もっと前の受胎の時期こそが意味があると唱える学識者もいます。人は通常十月十日（約40週）母体のなかで守られ、成長しこの世にやってきます。その受胎時にも意味があるといわれ、それは人間行動学と結びつけられて唱えられています。そして、またその受胎期間もとても大きな意味を持つということは、「胎教」という言葉で伝えられているのでおわかりいただけるでしょう。母親の体内がどういう環境であったか、またどう育てられたか、特に一番近しい人の考え方などが、成長する過程において人に多くの課題を与えていきます。本人の気質と共に、またその育つ環境というのも大きなことと思います。そのため、たとえ同じ日に同じ場所で生まれた双生児でさえも多少の違いはあるということはそういった意味合いがあるのではないでしょうか。ちょっとのしぐさや、ちょっとした行為が全く同じ環境を作ることは不可能ですので、起こりうる概念だと思います。

　自分の太陽のメッセージを自分のために読み説く、または他者へ他者の太陽のメッセージをリーディングするときに注目すべき点は、どういったアイデンティティを持ってこの世に生まれてきたか、そしてそれをより良く表現できるようにといったことを知ることが一つのカギとなるでしょう。

　太陽のサインがどこにあり、またそれらはほかの天体とどういったアスペクトを取っているかで、おおよその表現の仕方は推測できるでしょう。

　その人の太陽のメッセージはその人にとっての、その人にしか成し得ない重要なこととなるものです。他者と同じである必要はありません。同調する

ことに過敏になっている人にはそのことを、また自分だけは特別だといった特権階級意識の強過ぎる人には、他者の考えや行動を容認する寛大さを伝える必要が出てくると思います。

　人が人として成すことは、それぞれです。まずは他者を容認するということ、そして自身のスタンスの有様はその人にとってかけがえのないものとして認識することが、自分の、その人の太陽を輝かすカギとなるのではないのでしょうか。

月星座を見るときのポイント

「内なるもの」を伝えてくれるのが月星座
心身両面からの声に耳を澄ませることが大事

　ほとんどの占星術のことについて書かれた本には、「月は内なるもの、感情を司る」と記されています。私たちの住む太陽系で一つだけ違う公転軸を持つ天体が月です。月以外の天体は太陽を中心に公転周期がとられていますが、月は地球の周りを回ります。

　そして月の公転は私たちの肉体サイクルととても親和性があります。皮膚のターンオーバーや女性の生理サイクル、また肉体に関する漢字に例えば脳・胸・腸・腹・腰などに月（ニクヅキ）がついているのも、たんなる偶然でしょうか。漢字は見たままにいろいろなメッセージを伝えてくれる、日本の誇れる文化です。中国から伝えられたこの文化を私たちは私たちなりに応用し、消化し現在に至っています。体は心と密接な関係を持っています。心が風邪を引くと、体調も下降気味になるということはこのようなことも影響しているのではないかと思います。

　「内なるもの」というのは、なかなか自覚のしにくい分野です。しかし、この無意識のなかにあるものこそが、本来のその人にとって重要な意味が

あるのではないでしょうか。その意味において、チャートを立ち上げたとき、その人の月がどこのサインに入っているかということが重要になります。サインからは肉体の対応部位が推測できますので、出生図でもデカンビチュアでも重要な位置であり、意味合いがあります。だからといってその部分がピンポイントでダメージを受けているというのではありませんし、ウィークポイントというわけでもありません。何らかの影響は受けているかもしれないといった方がよいでしょう。

　無意識の行動は心と体に現れます。心の部分はあまり自覚や認識はしにくいですが、肉体部分の変化はわかりやすい形で現れるでしょう。心の悲鳴を体調の変化といった形で伝えてくれるのです。取り返しのつかない状態になる前に、心の叫びや本音が自覚できるように、月のサインがどういった状況にあるかを認識することはとても重要なことだと思います。

　月がどのサインにあるか、ほかの天体とどうアスペクトを取っているかで、推測は可能になります。出生図でハードな場合は、何かが起こるたびに（それはそのときの天体の運行で測れる場合もあります）その人にとっては試練のときになることが多いかもしれません。逆にソフトな場合は、事が起こっても時や周りが味方してすんなりいくことの方が多くなり自覚はしにくくなるかもしれません。だったらソフトアスペクトの方が数段楽に事をこなせるということになりますが、果たしてそうでしょうか。

　過去に偉業を達成した方のチャートを見ると、実はハードなアスペクトを持つ人が少なくありません。しかし、彼らは乗り超えています。逆にそのことを武器としてその場を乗り超え、成功してしまう人も少なくありません。物事を成し遂げること、夢を叶えることは楽ではないでしょう。しかし、あることを一つの「気づき」として受け取ったとき、それはパワーに変わっていきます。

　そして、植物はそのときダウンしたエネルギーや過激に出過ぎるエネルギーをコントロールしてくれるのです。

アセンダントを見るときのポイント

行動パターンの推測を教えるアセンダント
何かあった「時」を厳密にすることが大切

「アセンダント」は解説書や辞書では「上昇点」と記されていることが一般的です。確かに日の出を比喩しているので、そういった表現もありますが、実は語源から見るとそれは「起動する」という意味がありますので、この方がイメージはつかみやすくなると思います。部屋の電気をつける、パソコンのスイッチを入れて起動するなど、太陽が昇って1日が始まるように、ある物事の始まりを示唆します。その起動する点であるアセンダントがどのサインにあるかで、天体たちはいろいろなメッセージである可能性を提示してくれています。わかりやすい表現では、何かあったとき、起こったとき、どういった行動をとるか、とりやすいかなどの行動パターンを推測できるでしょう。ある本では出生図のアセンダントでその人の顔相や雰囲気も推測できると記されていることもあります。

物事に対して人はそれぞれ違った反応を示します。そしてそれがとても重要なことになります。「気づき」を感じるパートが月のサインであるならば、アセンダントは「具体的な行動」を表すでしょう。

太陽やほかの天体は誕生した日がわかれば、ほぼ同じサインに位置します。多少時間によって公転サイクルの早い月はサイン内の度数は変わってきますが、ほぼ特定できます。

アセンダントは、「時」という瞬間がとても大切になります。起動する時機が約2時間によってサインが変わってしまうので、サインの持つ意味がそれぞれ違っているので、予測がつきにくくなります。しかもサインだけでなく、その支配星の状態も読み解いていくので、その意味はまた複雑になっていきます。

出生図のチャートを立ち上げるときは母子手帳など出生時間が記載されていますので、そちらを参考にしてください。

デカンビチュアチャートを立ち上げるときには、是非、何かあったときの時間と場所は明記しておいてください。立ち上げるときに参考になりますし、そのときに気づかなかったことを気づかせられることもあります。また、出生時間が不明のときは逆にアセンダントを使って、出生時間を割り出すことも可能です。

このように、アセンダントはその人の行動パターンの推測が可能になります。デカンビチュアチャートでは、アセンダントがまさに「質問者」をあらわします。他者のスタンスや考えを認めつつ、自分の居場所やスタンスが見つけやすくするということを提示し容易にしてくれるのかもしれません。

まとめ

人類の歴史の総括の表れである
チャートを見ることで「気づき」が得られる

人はそれぞれ違う考えを持って共存しています。

他者に共鳴することもあれば、違いに愕然とすることもあるでしょう。また、違いがあるからこそ、共感するという感覚も生まれるのだと思います。

そういった気づきをチャートは教えてくれます。数千年来伝わる人類の文化遺産といってもよいかもしれません。

その気づきをチャートが投げかけてくれて、植物たちがサポートしてくれるのでしょう。またそのチャートは一番良いとき（タイミング）や、どの植物が最適か、どういった取り入れ方がよいかも教えてくれるのです。

また、そのときに直感で感じた香りも重要な意味を持ちます。周りにそ

の香りが存在していなくても、イメージのなかや記憶のなかで呼び起こされたということに重要な意味があるのです。そのような心の叫びや欲求を感じることも大切です。

　以上を踏まえて、次項より具体的なケーススタディを解説していきます。どのケースも私が実際にカウンセリングをしたものです。ハーバルアストロロジーの「生の声」を感じていただければと思います。

3 ケーススタディ

CASE STUDY 1

恋愛　どうしたらステキな異性と出会えるのでしょうか?

Q【質問】　女子校育ちで現在も女性の多い職場なので、なかなか男性と出会う機会がありません。最近は両親も早く家庭を持ちなさいとうるさいので、ちょっとストレスが溜まり気味です。どうしたらステキな人と巡り会えるでしょうか？（30代・女性）

A【回答】　私もお聞きしたいくらい、いつの世にもある、ある意味人類のテーマでしょう。今までの状況をお聞きしたところ、女性向けの商品開発をしている会社なので、周りは女性だらけ、しかも小学校からの女子校育ちの一人っ子で、なかなか男性と知り会うご縁がないとのことでした。世の中には男性がたくさんいるのでそんなはずはないのでは、と思うのですが、お話をお聞きしても行き止まりのことが数度ありました。

　まず、女子校出身者は男性と巡り会えないかというと、それははっきりいってありません。

　女性向けの商品開発をしている会社なので環境が整わないのかもしれません。それならば職場を変えましょう、出会いがありそうなところに。しかしそれは嫌で、現在のお仕事が気に入っているそうです。それではお見合いや婚活をしてみたらいかがでしょうかとご提案しました。しかしそれについても一歩が踏み出せないでいらっしゃるようでした。

本当に今まで回りに男性がいなかったのでしょうか。いなかったということは、出会いがなかったのではなく、必要としていなかったからなのではないでしょうか。
　今の時代は、女性でも一人で生活していける環境にあります。がんばればそれなりに役職にも就けるでしょうし、起業することもできます。きっと今までにアプローチをしてきた男性もいらしたのでしょうが、彼女に気がなかったとか、タイプではなかったとかいろいろな事情があったのだと思います。
　今、ご両親に言われてストレスが溜まってしまうのなら、そのあたりを一度、検証してみるのはどうでしょうか。本当に自分はこれからどうしたらよいかということを。
　これは男性の側にもいえます。一昔前まで、「クリスマスケーキ」という言葉がありました。要するにクリスマスは12月25日、それを文字って「25歳すぎると売れ残り」ということです。それに昔は、女性は結婚して一人前（今は死語です）という発想があり、女性が一人でいることはオーバーにいうと日本では禁忌に近いものがありました。
　しかし、本当の結婚という意味はどうなのでしょう。今は女性も仕事をすればそれなりに評価をされる時代になりつつあります。そんななかで、ご両親の時代とは意識が変わってきている部分もあると思います。ただ、仕事は順調でも、ちょっとほっとしたいときもありますよね。そんなほっとできる人と巡り会えれば、気持ちにも余裕ができ、仕事もできて、実生活でも実りが多くなることでしょう。
　彼女のチャートを見ると牡羊座に太陽と水星があり、行動も言動もアグレッシブな方だと思います。クヨクヨせずに第三者の意見を求めてくるところもその現れでしょう。人の意見も大事ということをよくご存じなのだと思います。
　女性的というより、ボーイッシュで同性に人気のあるタイプかもしれません。逆にこれは女子校出身者にあることなのですが、世の中はやはり男性的なスタンスと女性的なスタンスがあってはじめてバランスが取れるというこ

ともあるので、彼女のさっぱりとしてフットワークが良いのはそういった環境もあったのかもしれません。しかも双子座に仕事の星である火星と節制の星である土星もあるので、そういった要素はちょっと強めかもしれません。

もしかしたら、本当は近くに異性がいるのに彼女は気がついていないのではないでしょうか。そのことが気になったので、お聞きしたところ、確かに男性は周りにいないことはないが、タイプでない人ばかりとか。本当にそうでしょうか。見ようとしていないだけなのかもしれません……。

2009年後半から2～3年、彼女にとっては変容の時期が来ています。この際、ちょっと自分の違った部分を見直すことも良き変容のチャンスではないかと思いました。

「ほんのちょっと恋愛体質になってみよう」

牡羊座のスパイシー系の精油を媚薬に、本来持っている牡牛座の金星をアップさせるべくブレンドでゼラニウムとジンジャーを提案しました。事前の体調に関するコンサルテーションで、月経不順気味なのと冷え性の項目にチェックがありましたので、ホルモンバランスを調整し、サポートしてくれるゼラニウムと血行を促進するジンジャーをほんの少し加えたブレンドをオススメしました。

内なる女性性を最大限に引き出し、ステキな人と巡り会えますように！

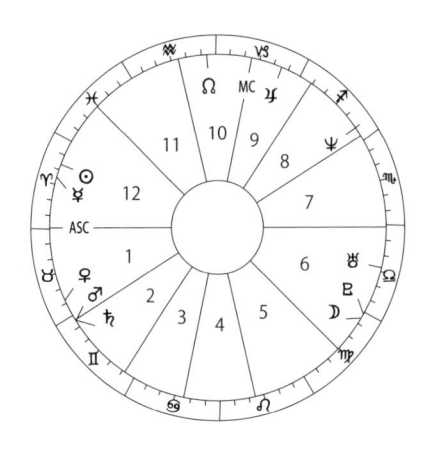

オススメブレンド

ベジタブルオイル　10ml
ゼラニウム　　　　5滴
ジンジャー　　　　1滴

ジンジャーなどのスパイス系の精油は希釈率が高いとお肌にダメージを与えることがありますので、低希釈（1%または1%以下）にしましょう。

CASE STUDY 2

結婚　相手が結婚の話になると
　　　逃げてしまいます

【質問】　もうすぐ30歳になるので結婚したいのですが、今、おつき合いしている人とはなかなかそういった雰囲気になりません。むしろ段々と距離ができている感じがします。どうしたらよいでしょうか？（20代・女性）

【回答】　ご相談に見えたのは、とても美しい現代風の女性です。おっとりとした話し方で落ち着いた物腰、お仕事は事務系とのこと。もうすぐ30歳になるので、そろそろ結婚をしたいと考えているとのことなのですが、なかなか進展しない現在のおつき合いしている人との未来についてのご相談でした。

　太陽は天秤座、月が山羊座に位置しています。

　さすが太陽が天秤座だけあって都会的なお洒落をされており、誰でもが好感を持てるような美人です。月も山羊座になるので、しっかりとした考え方を持っているようです。ここで、恋愛の様子を推測することができる金星はというと、乙女座に位置していました。それも1ハウスです。他者に対して何かをしてあげるのがとても普通にできる人で、その乙女座の金星に山羊座の月が良い角度でアスペクトを取っているので、ごく自然に愛する人のことなら何でもやってあげようと思ってしまうのでしょう。そのため、学生時代からいつも周りに男友達はいたということですが、なかなか長続きしないのが難点とのこと。

　何がいけないのかという問いに、もしかしたら「やってあげ過ぎ」のパターンはないかお聞きしました。ご自分では普通のことも相手にとっては「ありがた迷惑」のこともあります。

お話のなかで、おつき合いが始まると何でもやってあげたくなって、それがおつき合いするうちに当たり前のパターンになってしまうとのこと。果ては自分が疲れてしまっているときもやってあげてしまい、ヘトヘトになってしまう自分もいるとか。最終的にはそんなときにもやってもらうことを当たり前と思う恋人とケンカになり別れが来てしまうというのです。

人は誰でもやってくれる人が傍にいることはとても楽です。ですが、大人の関係はやはり独立したプロセスやスタンスを持つことが必要ではないでしょうか。結果的には何もできない人を育ててしまいます。子育てはもちろんですが、恋人育てもやってあげ過ぎは禁物です。また、このようなタイプの人は相手に過度に期待しがちになり、過干渉にもなりがちになる傾向があります。その気持ちや行為が相手の気持ちを重くする傾向にもなります。天秤座は「調和」ということが重要なキーワードを持っています。ポジティブに出ればよいのですが、ネガティブに出たときは相手にとって負担になることもあります。「私はあなたにこれだけのことをしているのだから、あなたもこれをすべき、してくれるべき」というパターンを繰り返しがちになることもあるのではないでしょうか。

「30歳になるので結婚をしたい」という発想を一度外してみましょう。結婚は年齢ではありません。この人と一緒にいたいと思える人と一緒に人生を歩むのがよいのではないでしょうか。子どもを持ちたいという願望があれば、これは肉体年齢などの時を選びますが、結婚適齢期は人それぞれ違います。今一度、本当にこの人がよいのか、まずは自分の心に問うてみるのはいかがでしょうか。もし、是非この人と思えば、相手とじっくり話し合いをしてみましょう。あなたの性格をまるごと愛してくれる人なら、先行きは良いでしょう。

でも、相手にしてあげることが自己満足にならないような注意が必要です。このようなとき、自分の思い込みや自己満足を軽減するにはどうしたらよいでしょうか。愛情たっぷり、いえ、なくても自然に癒しのパターンに入ってしまうときには、ちょっとスパイシーなハーブや精油がオススメです。といって

も火星系のスパイシーさではなく、乙女座・水星に対応するマージョラムなどはいかがでしょう。神経系をスッキリと流してくれて、ここ一番というときに感情が流されないようにサポートしてくれるでしょう。

　マージョラムだけでもよいですが、ちょっとそのなかにマンダリンやスィートオレンジ、ゼラニウムなどの明るい華やかな香りをプラスするとよりいっそうステキなハーモニーになるのでオススメです。

　結婚生活は、毎日のことなので素の自分が出せる人と一緒になることが一番だと思います。誰しも良いところや悪いところは持っています。それがお互いのマイナス部分を埋めるものであればよいのですが、なかなかそううまくいかないのが人生です。

　本来持っている質問者さんの魅力が存分に発揮されますように。そして、ステキな人と一緒になれますように。

　2009年の秋から2〜3年の間、天体の運行から推測するといろいろな出来事があると思います。大きく人生が変わるときも来ています。せっかくの変われるチャンスを良い方向に導き出してください。一日一日を大切にして、ステキな家庭・未来を築いていくのは、あなた自身なのですから。

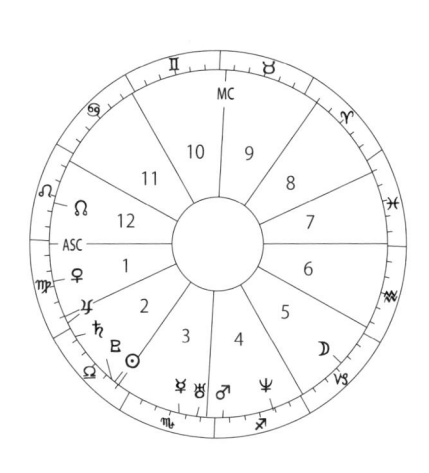

オススメ精油

マージョラム

＊ ＊ ＊

オススメブレンド

マンダリン、スィートオレンジ、ゼラニウム、グレープフルーツ、ベジタブルオイル（ホホバオイル、スィートアーモンドオイル、グレープシードオイルほか）20mℓ（小さじ6）12滴（希釈率3%）
マージョラム　　　4滴
マンダリン　　　　5滴
ゼラニウム　　　　3滴
健康状態（血圧普通・投薬治療なし・普通肌）に問題がなかったので、希釈率3%でトリートメントしました。

CASE STUDY 3

人間関係　周囲から孤立してしまいます

【質問】　私は曲がったことが嫌いなので、いつも正義の気持ちをもって物事に対処していきます。誰よりも早く正確に仕事をこなすように心がけていますが、実はあまり評価はされていません。友人もあまり多くはありませんし、孤立してしまうこともたびたびです。私の何がいけないのでしょうか？（30代・女性）

【回答】　ある総合商社に勤務されている女性です。確かにきびきびした態度はいかにもキャリアウーマンという風情で、しかも背も高く綺麗な人で一見モデルさんや女優さんのようでもあります。
　しかし、心のなかには何か解決できないものをたくさん持っていて、満たされない日々をお過ごしのようでした。
　彼女は獅子座に太陽を持つ女性です。そのしぐさは堂々としていて、裏や表がないとってもさっぱりしたリーダー的女性のようにお見受けします。その容姿からもドラマのヒロインのようで、同性としてはちょっと羨ましいくらいです。その彼女がこうして多くのコンプレックスを抱えているとは思いもよらないことで、逆にコンサルテーションをして驚いてしまったくらいです。
　彼女は太陽のほかに土星や金星、水星も獅子座に位置していました。華やかな美人というのもこの獅子座の金星の影響でしょうか。これらの天体がいかにも獅子座パワーを醸し出しているのですが、月が蠍座でしかも太陽に対してほぼ90度でハードアスペクトを持っていました。しかも火星が乙女座でその活動、仕事の仕方はとてもきめ細かいものがあるのでしょう。獅子座の水星のため伝え方はかなりストレートだと推測されます。乙女座の火星も射手座の海王星と90度なので、行動もストレートなのでしょう。

彼女のなかでは正しいと思っても、人それぞれの立場や事情を抱えているときには、いくら正論でも場違いなことが起こりうることも出てくることがあります。時と状況を読むということが彼女は少し苦手、もしくは逆に深読みし過ぎる傾向があるかもしれません。
　結局は「私の考えていることは間違っていますか!」といって、その場の空気が怪しくなってしまうことが多いのではないかと推測し、お聞きしたのですが、彼女にはその自覚はあまりありませんでした。
「だって、そうではありませんか!?　間違っていますか?」というのが、常套句になっているようです。また、仕事効率の悪い同僚や上司にイライラしてしまうこともあるとか。
　確かにスキルは高そうなのですが、ちょっと気張り過ぎてしまっているときは、彼女の獅子座のパワーを弱めてみるのも時には必要がありそうです。
　そのときは、獅子座の対向にあるサインのハーブや精油を使ってみるのがよいでしょう。この場合は水瓶座のハーブや精油に注目してみましょう。土星のハーブ・精油が対象になります。サイプレスやサンダルウッド、クミンなどが当てはまります。
　この三つのなかで、今はどの精油が一番フィットしそうかお聞きし、試香していただいたところ、サンダルウッドが一番お気に召されたので、今回はサンダルウッドをメインにブレンドを考えてみました。サンダルウッドは香りが長持ちするベースノートの香りになります。鎮静作用もあるので、気持ちもぐっと落ち着くことができると思います。
　あとは身体的に何か改善したいトラブルはあるかお聞きしたところ、背中(獅子座対応)がハリ気味といわれたので、コリの改善にふさわしいローズマリー(太陽対応)を提案させていただきました。サンダルウッドとローズマリー、そしてちょっと軽さをプラスするためにグレープフルーツを提案してトリートメントさせていただきました。
　サンダルウッドは土星対応でベースノート。ローズマリーは太陽対応でミドルノート。グレープフルーツは太陽対応でトップノートになります。ブレンド

も可能ならトップ、ミドル、ベースをそれぞれ入れるとハーモニーの良いブレンドに仕上がりますので、一つのオススメの方法です。

　トリートメント後に、もし今後何かを発言しなくてはいけないときは、一呼吸おいてからお話しされることをアドバイスしました。そのときには、今の香りを思い出していただけるように香油も用意しました。

　行動はなかなか変えることはできませんが、もし周りと対立するようだったら、それは一つのシグナルとして考えた方がより良い人間関係を築けることと思います。自分のなかのルールであり正義であって、それが正論であっても、時と場合によっては通らない場合があります。多分、それは人それぞれがそれぞれにルールや行動パターン、アイデンティティを持っているからでしょう。他者を変える努力をするより、自分が変わってしまった方が(考え方やスタンス・伝え方を変えるという意味です)、実は自分をもっとアピールできると感じたことはありませんか。自分のなかには、気がつかないだけで、実はもっと多くの可能性を秘めているのです。

　ちょっと何かが変だと感じたときには、お気に入りの香りを嗅いで、自分をリセットすることも、時には必要なのではないでしょうか。そんなとき、ハーブや精油が私たちをそっとサポートしてくれるはずです。

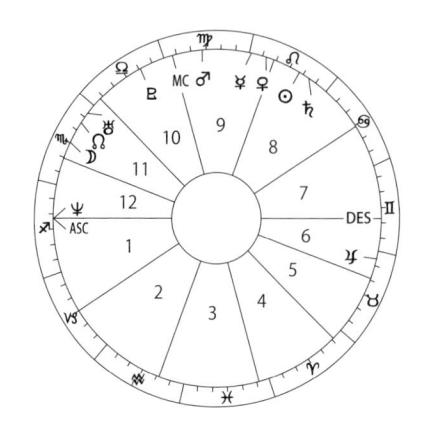

オススメブレンド

ベジタブルオイル　　20㎖
サンダルウッド　　　3滴
ローズマリー　　　　5滴
グレープフルーツ　　4滴
(希釈率3％)
肌質、血圧に問題はなかったので、希釈率3％でトリートメントしました。

CASE STUDY 4

健康　出産後、うつ気味になってしまいました

【質問】　約8ヶ月前に第一子を出産後、ちょっと軽いうつ状態になっています。育児書によるとそういうこともありがちとは出ていますが、どうしてよいかわかりません。せっかく授かった子どももあまりかわいいとは思えない毎日です。　　　　（30代・女性）

【回答】　以前、妊娠中にマタニティトリートメントに来られた人からのリピートです。出産後はホルモンのバランスがまた妊娠期とは違ってくるので、いろいろな症状が出る人が少なくありません。「マタニティブルー」と呼ばれているものです。ただでさえ子育ては大変なことです。まして出産後は自身の体調も元に戻っておらず、また子どもも時間の観念がついていないので、ほぼ24時間体制で対応しなくてはなりません。

　ご主人は会社勤務のため、昼間はほぼお子さんと二人で過ごしています。ご主人はお仕事で疲れて帰ってくるので、あまり話も聞いてくれないとのこと。

　実際、赤ちゃんは愛くるしいけど話す相手が欲しい、それもきちんと話を聞いてくれる人と話したいと産後に思われる人は少なくないようです。

　1日の大半を寝て泣いて過ごす赤ちゃんは新米ママにとってはわけがわからず、心配することもたくさんあり、思わず開く育児書や育児に関する雑誌の数々。その育児書や雑誌にはわが子にはないことや、そぐわない成長をすると新米ママはパニックになってしまうことも少なくないようです。大家族での子育てだったら、聞く人もいますが、たった一人ぼっちで泣く

だけの赤ちゃんに立ち往生するママは多いのです。大家族であっても違う問題は出てくるでしょう。つまり、子育てって結構大変なのです。しかも第一子は初めてづくし、妊娠中は早く生んでしまいたいと思っていたとしても、実は妊娠中の方が数倍楽だったと産後に思われる人は少なくないのです。天使であるはずの赤ちゃんが悪魔に見えてくることも、時にはあるのかもしれません。

　しかし、それはある程度月日が解決してくれます。日ごとに赤ちゃんは成長し、子どもになっていきます。それはそれでまた大変なことや問題は出てきますが、パパやママがしっかりしていれば乗り超えられることなのです。

　まず近所に子どもを遊ばせてくれる児童館などを探しましょう。対応受け入れの月齢が地域によって違うのでそれは地域の保健センターなどで聞けると思います。そこで同じ年頃の子どもを抱えるママたちに出会うことができ、お友達もできやすくなります。そのことで大人の会話が成立しやすくなるでしょう。

　今回の場合は双子座に太陽、蠍座に月を持つ人です。双子座はコミュニケーションがキーワードとなっていますので、会話ができない辛さは人一倍だったのかもしれません。

　そして蠍座の月がじっと深く考えるという方向にいってしまったのかもしれません。しかも勉強熱心なので、いろいろな参考図書を集め、読み込んでいきます。時と場合により、育児書は害になることもあるのです。本に書かれていることは、一般論であり統計学なので万人に当てはまるものではありません。ですが、孤立した環境にいると人は目の前にあるものを信じるという行動に出やすいことも確かです。

　インターネットの普及で情報は早く多くのものを受け取れる時代です。そのなかには真実もあればそうでないものもあります。それと同じように、必要な情報とそうでない情報を見分ける力も必要なのですが、子育てに携わっているとき、特に乳児の時期はとにかく忙しい1日を送っているので、その感覚がマヒしがちになることも少なくないと思います。そんなときは一

人で抱え込まないようにしましょう。といっても頼る人が身近にいなかったらどうしたらよいでしょうか。例えば、外に一歩踏み出してみるのも一案です。お買い物先で、誰かが話しかけてくれるかもしれません。ちょっとした会話だけでもほっとすることだってあるのです。

　今回は睡眠不足で疲労されていたのでラヴェンダーとマンダリンでのトリートメントをさせていただきました。あえて軽い香りにしたのは後で残り香が長く残らないように配慮したためです。通常はここにベースノートであるサンダルウッドなどをブレンドしてもよいのですが、まだ離乳されていないということでこのようにしました（サンダルウッドが害という意味ではありません）。乳児は嗅覚が発達していてママの香りを消してしまうと、ご機嫌が悪くなるときがあるのです。私たちは経験でいろいろな香りのデータを内蔵していきますが、赤ちゃんもこの段階ではかなり動物的嗅覚でママを確認しています。

　ここでトリートメントしているときは十分に香りを楽しんでいただけるようにしますが、ご帰宅時には通常のママの香りになっていただいた方が、この場合はスムーズだと判断しました。

　このケースでは、私がしたことはお話を聞かせていただくということがメインだったような気がします。

　トリートメントに使用したラヴェンダーとマンダリンもとてもご満足いただけたようです。ラヴェンダーは多くの効用を持つ水星対応の精油です。毎日の疲れで肩甲骨周りにコリが溜まっていたので、肩甲骨や首筋をメインにトリートメントさせていただきました。そして気持ちが少しでも明るくなるように太陽対応のマンダリンの精油をブレンドしました。双方の精油にはスキンケア効果もあるので、育児に疲れたママにはふさわしいブレンドだと思います。

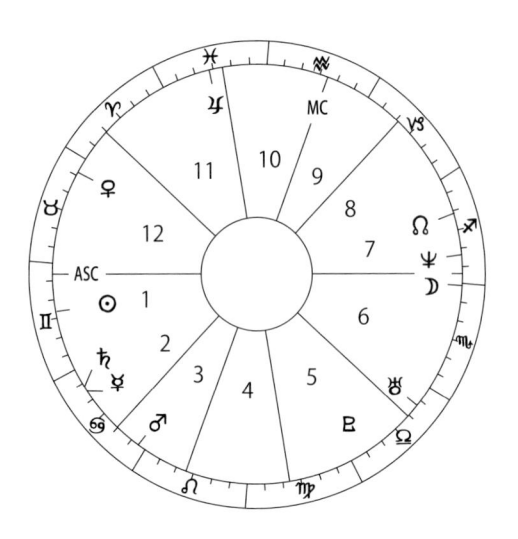

オススメブレンド

ベジタブルオイル	20ml
ラヴェンダー	2滴
マンダリン	2滴（希釈率1%）

今回は血圧、皮膚の状態など問題はありませんでしたが、授乳中とのことで希釈率は1%でブレンドしました。

CASE STUDY 5

仕事 転職しても大丈夫でしょうか？

【質問】 中学からサッカーをやっていたバリバリの体育会系で、ある程度の成績も残しているのが幸いしたのか、就職氷河期といわれたときでもスムーズに就職ができました。ただ、会社に入れたというだけで、本当はほかの仕事に就きたかったのだと最近感じています。先輩がIT系の会社にいて、来ないかと誘われています。現在の状況で転職しても大丈夫でしょうか？
(20代・男性)

【回答】 本当にしたかった仕事とは何だったのでしょうか。
確かに体育会系でそこそこ成績を残している人の就職はどんな状況下でも良いようです。学校を選ぶときと同じように偏差値などで選んでいたら、それはそれで違った方向性になってしまうこともあるでしょう。

チャートを見ると、太陽は牡牛座で5ハウス。射手座の海王星と150度（ハードアスペクト）。また射手座の天王星と180度（ハードアスペクト）。天秤座の冥王星とも150度（ハードアスペクト）と時代天体とちょっと緊張関係にあるようです。先に体験された就職氷河期に当たってしまったというのも一つの例かもしれません。しかし社会に出る前の学生時代は体育会系とのことで、いろいろなことを乗り超える力をつけられたのではないでしょうか。

月は水瓶座で2ハウスに位置し、天秤座の土星10ハウスと双子座の水星6ハウスと良い位置を取っています。お互いをサポートし合うソフトアスペクトです。

この場合、6ハウスの双子座の水星はとても良い位置にいて、良い意味

があると思います。水星のキーワードの一つの「伝える」ということがつながりますので、現在の仕事が経理関係だったとしたら、もっと物事を伝えるということを仕事にされた方がよいと思いますし、いわばそれが天職になるのではないかと思います。

2009〜2011年まで土星が天秤座を運行しています。この時期にある程度の生活の見直しなどが出てくると思いますので、それを含めて転職などを考えてもよいかと思います。

あとは、現在の職場の状況です。仕事は一人ではできません。仕事も恋愛も他者・相手があって、それも他者および相手の要望があってより良く成立します。現在の状況はいかがでしょうか。あいまいな態度は双方の相手に失礼に当たります。

もし、あなたにチャレンジ精神があるのならトライしてみるのもよいでしょう。決して悪い時期ではありません。ただし、仕事・人間関係は回り回って元に戻ってくるということを忘れないようにしてください。業種が違うといっても、どこかにつながりはあるでしょう。転職の気持ちに揺らぎがなく、上司にきちんと説明ができるスタンスであるのならよいでしょう。迷ったら何に迷っているのかをきちんと認識して、答えを出してください。

牡牛座の人は全般的に落ち着いて物事を考える力がおのずと整っているような気がします。しかし、考え過ぎて堂々めぐりしてしまうこともあるようですので、要点がブレないように注意する必要があります。せっかくのチャンスを見逃してしまうことにもなりかねません。そのときには、ちょっとスパイスの利いた香りや食材を選んでみてください。本来持っているエネルギーを適材適所で発揮する必要も出てくるでしょう。

また、経理関係の地道な仕事と違って、IT関係の仕事は起動力を必要とされることも少なくないと思います。スポーツをやっていたとのことなので体力や気力はあると思いますので、そのあたりをいかにコントロールしていくかが今後の課題でしょう。自分でパワーが不足していると感じたら、スパイス系の香りを、過度に出ているなと感じたら、フルーツ系の香りを堪能したり、

またはフルーツを摂ってクールダウンしてください。

　チャートの5ハウスの牡牛座の太陽を輝かせましょう。牡牛座の支配星は金星なので、特に五感が満たされているときに幸せや達成感を感じることが多いのではないでしょうか。その輝きは周りの人たちも元気にしてきたはずです。そんなあなたを周りは必要としています。

　あなたの天秤座の土星に現行の土星が重なるとき、大きな変化やチャンスがあなたを導いてくれるでしょう。この2～3年の間の転職は決して悪い時期ではありません。あなたの人生をより充実させるために、まずは自分自身が本当に何をしたいかを心に問うてみてください。そこに答えがあるはずです。

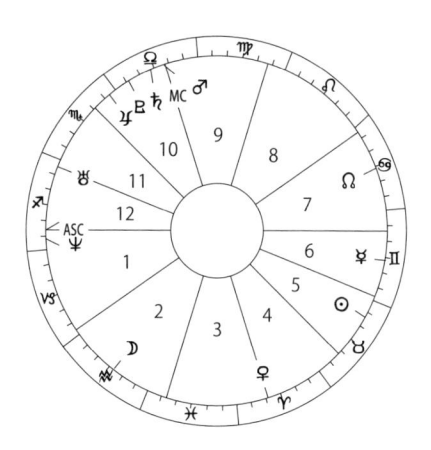

オススメスパイス系の香り

　バジルを使ったイタリアン料理などがちょっと活気のないときのオススメのメニューになります。バジルはハーブとしても精油としても、芳香が良く気持ちを活性化してくれるでしょう。
　バジルの精油は火星に対応しますが、血行促進を誘発しコリを流してくれる働きがあります。スポーツ後の筋肉痛の緩和にもオススメです。

　バジルの精油は柑橘系の精油と相性が良いのですが、スポーツが好きな人は太陽の下も好きなので、使用後は太陽の光を浴びないように注意してください。日光を集めやすくなるので肌にダメージを与えてしまうこと気があります。
　案外、バジルとゼラニウム（金星）も相性の良いブレンドです。

CASE STUDY 6

金運 出資話が来ましたが乗っても大丈夫でしょうか?

【質問】　この景気低迷のなかでボーナスもだんだん減ってきている状態です。住宅ローンもあるし、子どもの学費もかかります。また、自分のために使う時間もお金もなく、ちょっとイライラしています。そんななか、何かとお世話になっている人が共同経営の話を持ってきてくれましたが、どうしたらよいでしょうか? 今の時期に受けてもよい話でしょうか? (40代・男性)

【回答】　今は経済が動かなく大変な時期のようですが、何だか数字上のような気がしないでもありません。それにマスコミの在り方も偏った伝え方をしているような気がするのは私だけでしょうか。マスコミの伝え方によって実際以上に流通が低迷し、経済活動を冷えて動かなくしてしまっているような気もします。そうすると本当の実情がつかみにくい一般国民は買い控えをし、お金を使わなくなってしまうので、活性化しなくなってしまい、冷えた経済になってしまうのでしょう。先を見込んで、住宅ローンを組んでしまった人は大変だと思います。そのときはそのときで良い時期と判断されて購入を決心されたのだと思います。

　今の日本の現状は根本をしっかりまとめてくれるリーダーがいないのが難点で、政策もコロコロと変わり、その後また余波が出るという悪循環を生んでいるのでしょう。そのなかで、明るい気持ちでいるのは大変なことです。まして友人が共同経営という名の起業話を持ってきたとしても、すぐには飛びつけないと思います。山羊座の要素が強い人なので、冒険もあまり得意ではないでしょう。

　実際、乗り気でない話はきちんとお断りした方がよいと思います。大人に

なるとおつき合いということも出てきますが、このレベルはまた別のことでしょう。他者に相談するということは迷っているということです。もし、起業や副業が自分の意志で始めることなら、逆に迷っても内容が違ってきますし、スタートさせることによってまた違ったエネルギーが湧いてくることもあるでしょう。

　チャートを見ると、1ハウスの山羊座に太陽や水星、木星、土星と太陽をはじめとする4天体が揃っているので、とても山羊座的な傾向があるタイプだと推測されます。しかも、月と火星が蟹座に位置し、180度の関係を取って緊張関係を作り合っているということも見逃せません。

　家族のためにも会社のためにもがんばらなくてはという人なのでしょう。

　しかも、2008年の11月末から山羊座に冥王星が入っているので、何らかの影響は受けやすい状態となっていると思います。今一度、ここでいろいろなことを見直す時期なのかもしれません。

　まず、会社の状態はどうなのでしょう。これは会社の状況と自分との相性を検証する必要があると思います。

　2008年ごろはかなりオーバーワークだったことと思います。そのときの仕事ぶりは大きく評価されたのではないでしょうか。それなのに今は、という気持ちがぬぐいきれないのだと思われます。2005～2008年ごろはちょっと大変なときがあったようです。そのときの学びも今は生かせると思います。実際、失敗や試練は後で尾を引いてしまうより、自分にとって一つの経験値として、引き出しにされるとよいと思います。

　このようにお話ししているうちに、男性は自身が持っている星の配置や星の運行に隠された占星術のロジックに興味を持たれる人が少なくありません。もし時間があるのなら、というより興味があるのならご自身で占星術のロジックを学ばれ、応用されるのもよいかもしれません。「星を読む」ということは、「占う」ことだけではありません。ある程度年を重ねて改めて自分の出生図と天体の運行を照らし合わしたとき、過去の出来事と星の巡りあわせを実感して、驚くことがたくさんあるでしょう。統計学的要素を含みますの

で、そういった合致などは多々感じることができると思います。

その応用を、今後の人生に生かすことができれば、もっと心穏やかに、また人によっては違うことを考えついてしまうこともあるかもしれませんが、およその予測は立てることができるようになるでしょう。

人は先が見えないことに不安を増大させます。予測できないことに楽しさやワクワク感を見出すこともできますが、ある程度の年齢に入ると、不安度が増すことも事実でしょう。占星術のロジックは対人関係にも役立たせることができます。人はある種、自分が世の中のルールになることがあります。自分のペースより少しでも遅いと鈍い人と感じ、早いと落ち着きがない人と感じてしまう傾向があります。しかし、もっと早いペースを持つ人の前では鈍い人と思われてしまう。そんな多くのいろいろなペースの人々が一体となって世の中を形成しているのです。

さて、今回のケースでは山羊座にたくさんの天体が集まっています。ということは何らかの形で2012〜2018年くらいまでの間は忙しくなるか大きな変化が起きることを予測していただいた方がよいかもしれません。基本的には根が真面目なので、着実に現状は把握されていることでしょう。やみくもにはならないタイプだと思います。

本当に自分が何をしたいか。今は家族のために時間やお金を費やすことが多いかもしれませんが、しかしそれは違った形で報われるときが来るでしょう。

忙しくても、そのなかで本当に自分がしたいことを準備しておけば、いざというときにすぐ始められます。イライラする前にそういった気持ちを持って、今の大変な時期を乗り超えてください。

精油のオススメとしては、サイプレスやサンダルウッドの香りがよいでしょう。困難なときにも耐えられる強さは持っているようですが、いつも耐えているだけでは大変です。サイプレスやサンダルウッドは心を落ち着かせ、深い呼吸を促進してくれます。そのブレンドのなかに気分を明るくさせてくれる柑橘系の香りのマンダリンやグレープフルーツをプラスしてもよいかもしれませ

ん。今は男性でもトリートメントを受けられるところも増えてきましたので、トリートメントを経験されるのもよいでしょう。トリートメントに興味がないと思われたら、意識して森林浴に出かけてみるのはいかがでしょう。樹木からはフィトンチッドといった成分が出ており、私たちの心や体を活性化してくれる働きがあります。

　いずれにしろ、今（2010年）はあまり変化の大きいことは自らされない方がよいと思われます。逆に、少し後に否が応でも変化させられるときが来ますので、そのときの準備期間と現在は思っていただいた方がよいと思います。自分自身が輝ける存在になれば、必然的に運勢も上がってくる傾向になりますし、その自分にとってふさわしい人、ふさわしい環境が整えられていくでしょう。

　そのときが来たら、光り輝けるように準備期間を有意義に過ごしてください。

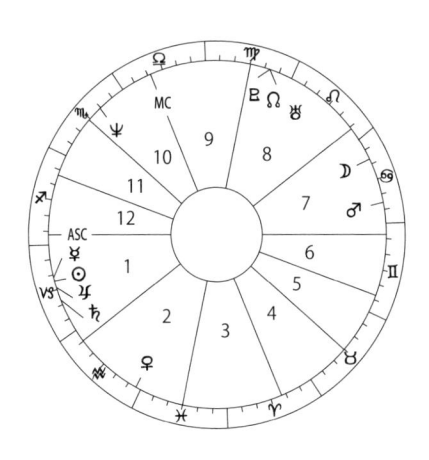

オススメブレンド

ベジタブルオイル 20mlに対して
希釈率　2%（8滴）
ラヴェンダー　　3滴
ローズマリー　　3滴
ヴェチバー　　　1滴
山羊座の精油はヴェチバーとして捉えました。特に疾病などの禁忌はない人です。実はこのブレンド、スッキリしていて慢性的なコリや筋肉痛のある人にオススメです。

4 医療占星術とは

　星を読んで、人類の日々の営みや繁栄に生かす。そして絶えることなく人々に伝承された方法の一つに「占星術」は存在したのですが、そのなかの一つが医療占星術と呼ばれる分野でした。

　生きている限り、ときには不調になることもあります。そんなときに先人は植物や鉱物、動物などいろいろな物を利用してきました。現在の民間療法の植物療法やホメオパシーなどのルーツはこのあたりにあったといっても過言ではないでしょう。いわゆるその形は伝承医学ということで今日まで伝わっています。

　ではどうやって当時の医師や薬剤師は天体の運行を使っていたのでしょうか。

　中国では「五行説」、インドでは「アーユルヴェーダ」といって三つのタイプに分ける方法、この医療占星術は、4体液質の考え方がベースになっています。

　ガレノスらが体系づけたこの考え方は、ルネッサンス期のヴェザリウスの時代まで主流でしたが、その後も変遷を加えながらも脈々と伝われてきた医学体系の一つであり、現在もこの体系はインドのユナニ医学として続いているといわれます。

　イギリスでのメディカルアストロロジーのベースはカルペパーやノストラダムスらが使った方法が一般的だったようです。カルペパーやノストラダムスの時代は、患者が病の床に伏したとき、患者が医師の下に来たとき、患者の尿が医師の下に届いたときにチャートを起こしていたといわれています。これは別名「デカンビチュア（Decumbiture）」と呼ばれるもので、ラテン語で床につく「Lei down」という意味があります。当時は当たり前

ですが、データを打ち込んで素早く計算をしてくれるパソコンはなかったのですべて手書きで行われていましたが、医師や薬剤師たちは医療技術・薬学の知識と共に天文学も勉強してきたので、チャートを起こすことは容易にできましたし、必須でした。

その「時」を読むということなので、ホラリー占星術を使います。「ホラリー」とはラテン語系の言葉で「HORA（英語では「HOUR」）」と明記され、時間を表します。ホラリー占星術でアセンダントが質問者を示すように、この場合は患者を指します。アセンダントがどの星座であるかが重要になります。そしてその支配星は何かということを確認して、どこにあるかということ、何座の何ハウスにあるか、そして月と太陽の状態を見ていきます。ここでも何座で何ハウスということも重要になります。

また、そのチャートで火星と土星の様子は体にとって好ましくないと判断します。

6ハウスは別名、病気のハウスといって検証を行います。

1ハウスはクライアントの体質。

2ハウスはかかった病気。

7ハウスはそのときの相談相手（医師またはセラピスト）の効果の是非。

10ハウスは治療法と治療に使うハーブ。

4ハウスは起こりうる結果の予想。

8ハウスは死のハウス。

12ハウスは悲しみと病気といったことを見て推測していくという手順があります。

また、かかった病気の質として、活動宮なら急性、不動宮なら慢性および長期、柔軟宮のときはいろいろなタイプとして考えられてきました。

では、実際にはどう見るか検証していきましょう。通常はデカンビチュアでそのときの起こりうるトラブルの予想をし、ネイタルチャートではクライアントさんの行動パターンや癖などを推測していきます。

天体からのメッセージを患者に
ハーブや精油として伝える

　17世紀ごろまでの医療の一部であるメディカルアストロロジー（医療占星術）では、チャートを起こすのは患者が医師の下に来たとき、患者の尿のサンプルが届いたとき、または患者が病の床に伏したときなどの時間を元に起こしていたそうです。

　この方法を応用して、私はハーバルアストロロジーという分野のトリートメントを開発し、天体のメッセージを取り入れつつ、そのときのクライアントさんにふさわしい精油を選んでトリートメントをしています。チャートを立てる時間はクライアントさんから予約申し込みがあった時点で立てて推測をしています。

サンプルケース

　以下に167頁でも取り上げたクライアントさん例にして説明していきます。
　予約いただいたのは2009年10月2日の19時です。
　チャートをご覧いただくとアセンダントが牡牛座になっています。これはとても意味のあることで、このアセンダントがクライアントさんをあらわします。
　会社帰りの週末前の金曜日、その週はお仕事が忙しかったとかでガチガチに肩や背中が張っているとのことでした。それ以上に今回はチャートを使ってのトリートメントのご希望でしたので、そのほかにも何か大切な相談事があるのだと思いお聞きしたところ、結婚に関するご相談でした。
　もうすぐお誕生日を迎え、来年30歳になるので、今おつき合いしている人とのことはどうかとのご質問でした。彼女は結婚したいが相手は乗り気でない様子で、結婚の話をすると避けられてしまいどうしたらよいかと悩まれているとのことでした。

相手の男性のデータもお持ちでしたので、行動などの傾向を見てお話しさせていただきました。

どうやら、彼女は天秤座太陽で、金星は乙女座でとても面倒見が良く尽くすタイプ。一方、男性の方は射手座にたくさんの天体を持つ太陽星座が魚座の人でした。当然、彼女は彼にいろいろとやってあげるのが好きなお世話タイプです。

多分、最初は男性もいろいろと気を遣ってくる彼女の存在はかけがえのないものだったに違いないのですが、だんだんとそれが重くなってきているのではないかと感じましたので、そのようにお伝えしたところ、やってあげることがあまりにも彼女にとっては自然のことだったので、驚いた様子でした。楽しいはずのお誕生日も30歳目前になり、何だかとても気が滅入っていて、それなのに彼がだんだん遠くへ行ってしまうようで悲しかったとのことでした。そのことを考えると仕事はミスし、肩もコリコリになってしまって辛いので見てほしいというのです。

案外、自分の行動パターンは意識しにくいものです。しかし良かれと思って他者にやってあげることが、実は他者にとっては重たく感じることもあるのです。

この場合、男性は自由を愛するスピリットを多分に持つ天体をたくさんお持ちだったので、このような不調和が生まれてきたのだと思います。おつき合いは同じ感性を持った人と成就するのが一番ですが、恋のキューピットは目隠しをされて矢を放つといいます。そんなときには天体のメッセージを受け取って、お互いの良いところや悪いところなどを知り、ポジティブに進ませていくのも一つの方法かもしれません。

相談を受けた日は牡牛座アセンダントの支配する首のあたりにコリがあるということ、また、牡牛座の支配星である金星が出生図と同じく乙女座にあり、コンジャンクションになっていましたので、この金星と乙女座ということにフォーカスしてみました。

コリを緩和するマージョラム、金星対応のゼラニウム、気持ちを明るくしてくれる太陽対応のマンダリン、そしてトリートメントは10ハウスのカスプが山羊座でしたので、部分トリートメントではなくあえて全身のトリートメントを提案しました。

　その後、彼と話し合う機会を得て、現在はとても良いおつき合いが続けられているとのご報告がありました。

※なお、この例は167頁のケーススタディの方のデカンビチュアチャートです。彼女の本来持つ思考および行動傾向は169頁の出生図と合わせてご覧ください。

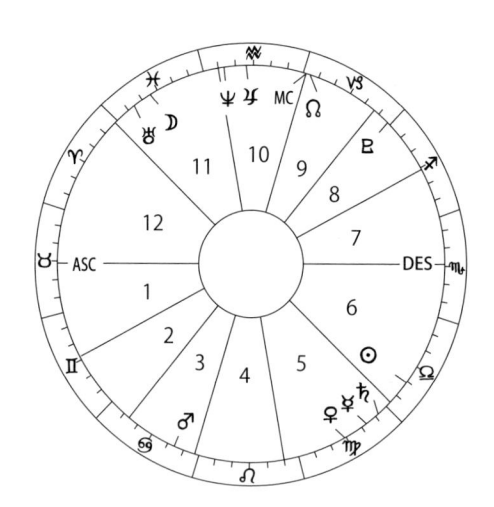

V

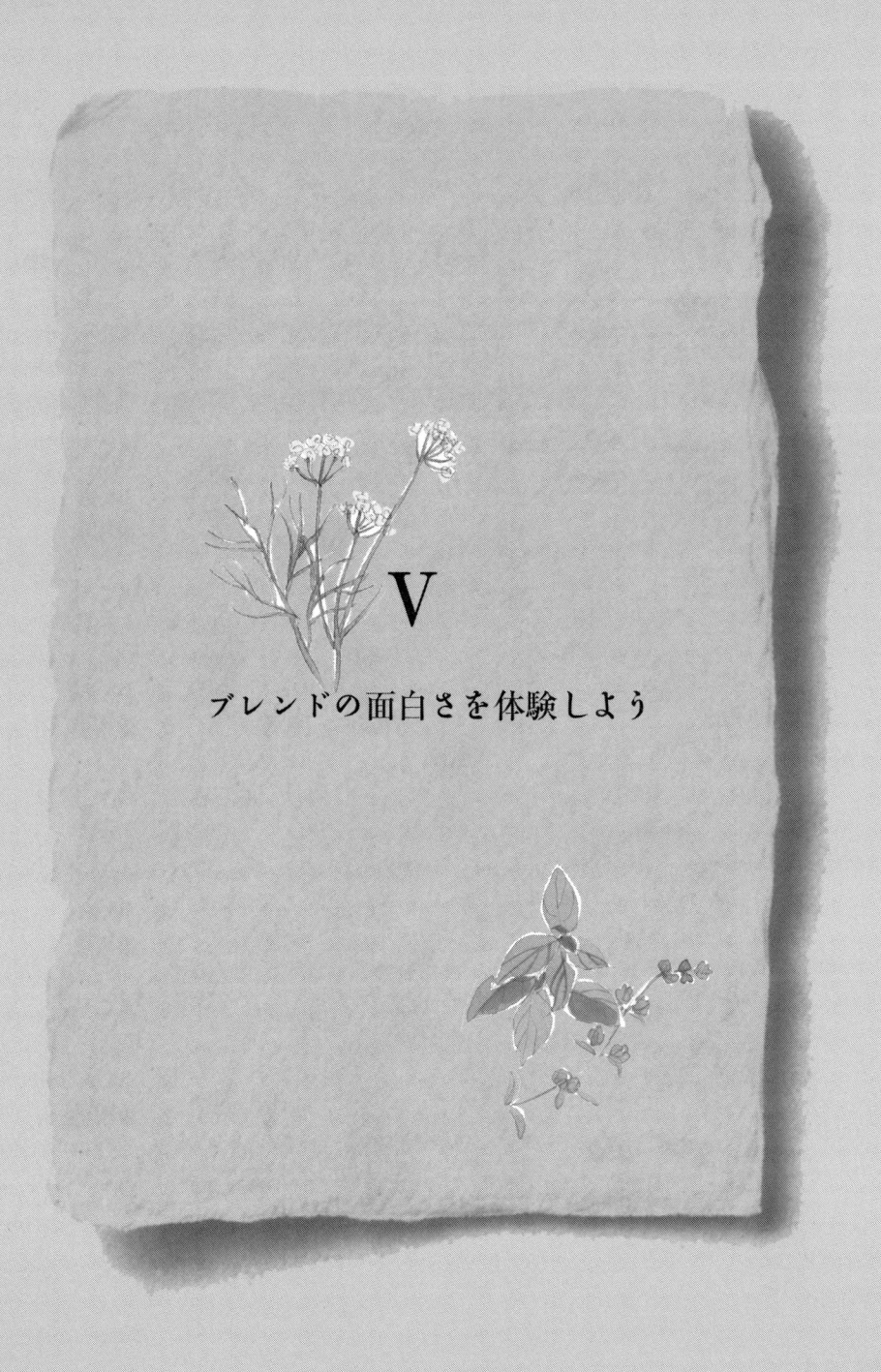

ブレンドの面白さを体験しよう

1

12サイン別
オススメブレンド一覧

各サインのオススメブレンドを載せました。
必ずしもこれらのブレンドがベストというわけではありませんが、
参考にしていただけるとよいと思います。
実際には個人個人の体質や香りの好みも配慮してください。

キャリアオイル：20㎖
希釈率：約1～2%
全4～8滴

♈ 牡羊座（支配星：火星）

ジンジャー、ブラックペッパー、パイン、バジル

★牡羊座のパワーが不足していると思ったら……

ジンジャー	1滴
ゼラニウム	3滴
ローズマリー	2滴
マンダリン	2滴

【一言メモ】スパイス系のメニューを食事に選んで摂取してください。

★牡羊座のパワーが出過ぎていると思ったら……

ゼラニウム	4滴
フランキンセンス	3滴
ブラックペッパー	1滴

【一言メモ】ピーチティーを飲んだり、ピーチパイを食べてみましょう！

♉ 牡牛座（支配星：金星）

ローズ、ゼラニウム、ペパーミント、マートル、タイム

★牡牛座のパワーが不足していると感じたら……

ローズ	2滴
コリアンダー	1滴
ジンジャー	1滴

【一言メモ】ストロベリーなどベリー系のフルーツがオススメです。是非デザートに。

★牡牛座のパワーが出過ぎていると感じたら……

ゼラニウム	3滴
スィートオレンジ	3滴
カモミールローマン	2滴

【一言メモ】ミントティーを飲んでクールダウン。

♊ 双子座（支配星：水星）

マージョラム、ラヴェンダー、マートル、フェンネル

★双子座のパワーが不足していると感じたら……

マージョラム	3滴
スィートオレンジ	3滴
グレープフルーツ	2滴

【一言メモ】ハンドマッサージを上記のブレンドで！

★双子座のパワーが出過ぎていると感じたら……

ラヴェンダー	3滴
サンダルウッド	2滴
マンダリン	3滴

【一言メモ】ラヴェンダーの精油を3〜4滴、バスタブに入れて芳香浴を！

♋ 蟹 座（支配星：月）

クラリセージ、カモミールジャーマン

★蟹座のパワーが不足していると感じたら……

クラリセージ	2滴
マンダリン	3滴
レモン	2滴

【一言メモ】カモミールティーを飲んでリラックスを！

★蟹座のパワーが出過ぎていると感じたら……

カモミールジャーマン	1滴
スィートオレンジ	3滴
フランキンセンス	3滴

【一言メモ】レタスやキュウリ、キャベツ中心のサラダを食べてみましょう。

♌ 獅子座（支配星：太陽）

ローズマリー、フランキンセンス、ネロリ、マンダリン、スィートオレンジ、アンジェリカ、ジュニパーベリー、スィートオレンジ、レモン

★獅子座のパワーが不足していると感じたら……

ネロリ　　　　　　1滴
ローズマリー　　　2滴
フランキンセンス　3滴
【一言メモ】ゴージャスな香りで心臓部分に塗布してみてはいかがでしょう？

★獅子座のパワーが出過ぎていると感じたら……

カモミールローマン　2滴
ジュニパーベリー　　3滴
グレープフルーツ　　3滴
【一言メモ】上記のブレンドで背中をマッサージしてこわばりを排除しましょう。

♍ 乙女座（支配星：水星）

マージョラム、ラヴェンダー、フェンネル、マートル

★乙女座のパワーが不足していると感じたら……

フェンネル　　　　2滴
スィートオレンジ　3滴
パイン　　　　　　2滴
【一言メモ】こんなときはフェンネルのスープもオススメです。

★乙女座のパワーが出過ぎていると感じたら……

ラヴェンダー　　　3滴
マートル　　　　　2滴
サンダルウッド　　2滴
【一言メモ】
ラヴェンダーの芳香浴がよいでしょう。

♎ 天秤座（支配星：金星）

ローズ、ゼラニウム、マートル、ペパーミント、タイム、コリアンダー、クロモジ

★天秤座のパワーが不足していると感じたら……

ローズオットー　　　3滴
ブラックペッパー　1滴または0.5滴
【一言メモ】
ローズのゴージャスな香りで気持ちをリカバリーしましょう。

★天秤座のパワーが出過ぎていると感じたら……

ペパーミント　　　1滴
フランキンセンス　3滴
サンダルウッド　　3滴
【一言メモ】
瞑想の時間もたまには必要です。

♏ 蠍座（支配星：火星）

バジル、ブラックペッパー、ジンジャー、パイン

★蠍座のパワーが不足していると感じたら……

バジル　　　　2滴
ゼラニウム　　3滴
コリアンダー　2滴
【一言メモ】
1杯の赤ワインがサポートしてくれるでしょう。

★蠍座のパワーが出過ぎていると感じたら……

パイン　　　　　　2滴
マンダリン　　　　3滴
フランキンセンス　2滴
【一言メモ】
たまには森林浴に出かけましょう！

♐ 射手座 （支配星：木星）

ジャスミン、メリッサ、シナモン

★射手座のパワーが不足していると感じたら……

ジャスミン　　　　4滴
シナモン　　　　　1滴
【一言メモ】
ジャスミンティーを召し上がれ！

★射手座のパワーが出過ぎていると感じたら……

ラヴェンダー　　　4滴
ジャスミン　　　　2滴
サンダルウッド　　1滴
【一言メモ】
ルームスプレーを作って試してみましょう。

♑ 山羊座 （支配星：土星）

サイプレス、クミン、サンダルウッド、ヒノキ、ヴェチバー

★山羊座のパワーが不足していると感じたら……

サイプレス　　　　3滴
ローズマリー　　　2滴
ユズ（またはマンダリン）2滴
ヴェチバー　　　　1滴
【一言メモ】グレープフルーツやオレンジなどをデザートに！

★山羊座のパワーが出過ぎていると感じたら……

サイプレス　　　　2滴
ジュニパーベリー　2滴
グレープフルーツ　3滴
ブラックペッパー　1滴
【一言メモ】ユズ湯などの芳香浴がオススメです。フレッシュな柑橘系をスライスして！

♒ 水瓶座 （支配星：土星）

クミン、サンダルウッド、ヒノキ、サイプレス、ヴェチバー

★水瓶座のパワーが不足していると感じたら……

クミン　　　　　　2滴
スィートオレンジ　3滴
ローズマリー　　　3滴
【一言メモ】クミンなどのスパイシーなハーブを使ったメニューはリフレッシュ効果を期待できます。

★水瓶座のパワーが出過ぎていると感じたら……

フランキンセンス　3滴
サンダルウッド　　2滴
ヒノキ　　　　　　2滴
【一言メモ】サンダルウッドやフランキンセンスを香らせて深呼吸できる環境を。

♓ 魚座 （支配星：木星）

メリッサ、シナモン、ジャスミン

★魚座のパワーが不足していると感じたら……

メリッサ　　　　　2滴
ローズマリー　　　4滴
ヴェチバー　　　　1滴
【一言メモ】リフレクソロジーでリフレッシュ。ブレンドオイルは上記を参考に。

★魚座のパワーが出過ぎていると感じたら……

マージョラム　　　3滴
マンダリン　　　　3滴
シナモン　　　　　1滴
【一言メモ】
食後のメリッサティーは気分も胃腸もリフレッシュさせてくれるでしょう。

② 恋愛力をUPさせたいあなたに贈るオススメブレンド

恋愛力をUPさせるために必要なハーブと精油

「匂い」と「臭い」の違い
恋愛感情は人間の本能を刺激してくれる

　人を愛すること、自分の未来はどうなるかなど、これは人類にとって必要不可欠なことで、「雑誌の占い特集」では外すことのできない項目でしょう。

　運命の人との出会いを、恋愛体質の人はいつでも、一見クールな人も心のうちで、その一瞬を心待ちにしていることは多いでしょう。

　運命の出会いのときや恋愛傾向を実はちゃんと天体たちは教えてくれているのです。

　ところで「香り」の本来の目的の一つに、「種の保存」という大きな役割があります。「種の保存」というとやや大げさですが、人類の発展にはなくてはならない働きを持っています。食べられるものかどうかの判断も人は無意識のうちに嗅覚に頼ることが多いですし、人体に危ないものは危険な香りがするはずです。「死」や「病」などの緊急事態も人体に内在する微生物がその香りを発し、普段でも「生」を維持するた

めに「香り」という信号を出して本質を担っているのです。

その表皮についた、または内から発する香りで人は相手の重要性を認識し、必要としたり排除したりする行動に出ることがあります。

一番顕著な反応を示すのは生まれたばかりの赤ちゃんでしょう。赤ちゃんはごく自然に自分を守ってくれる人を認識します。ママが抱くと安心するということはこの事実に沿ったことでしょう。誕生後、栄養を摂る手段が母乳になるとそれは顕著に表れることがあります。ルームフレグランスなどで部屋が満たされたとき、大人にとっては良い香りでもママの匂いが感知できなくなると急にむずかったり、泣き出したりします。

人は本能的にそのとき大切なことを自分の好きな香りで満たそうとする傾向がそうさせるのでしょう。

段々と年を重ね、異性を意識したとき、それは今までの経験値と共に本能が呼びさまされることなのかもしれません。

小さいころは、かなり感覚的に生きるということが多いため、そのときに感じた幸福感は香りや音、感触で自分の内なるデータに記憶されていきます。大人になって、幸せを感じたときの香りや感触はその人のお気に入りとなっていきます。その後、その状況と関係のないときに香りが漂ってきたり、懐かしい音や音楽が聞こえたり、感触がよみがえった瞬間に、状況を思い出すという本能の分野が刺激されるからでしょう。

その本能的な部分を刺激される一つが恋愛感情ではないでしょうか。

愛のキューピットは目隠しをされている
ホロスコープは素の自分に気づきを与えてくれる

恋愛感情は突然やってくることが多いといわれ、それは愛のキューピットは目隠しをされているからだといわれます。いろいろな図版にも残されており、この本質はギリシャ哲学のなかでもアプローチされています。

私はこういうタイプが好きと思っていても、実は思いもよらなかったタイプを好きになってしまうということはないでしょうか。

　もちろん、自分の好きなタイプがわかっていて明白なアプローチに長けている方もいるかもしれませんが、天体はその傾向を示唆してくれます。

　ネイタルチャートの金星が、あなたの素の部分の気づきをナビゲートしてくれているのです。金星は「愛」や「美」、「調和」を司ります。そして「喜び」も。

　そしてその金星に対応するハーブと精油がいざというときに、あなたの恋や愛をサポートしてくれるでしょう。自身の金星を輝かすことによって、あなた自身が輝きます。その輝いたときに出会った人同士はとても良い状況であるといわれます。

　さて、あなたの恋愛傾向を推測する金星はどのサインでしょう。

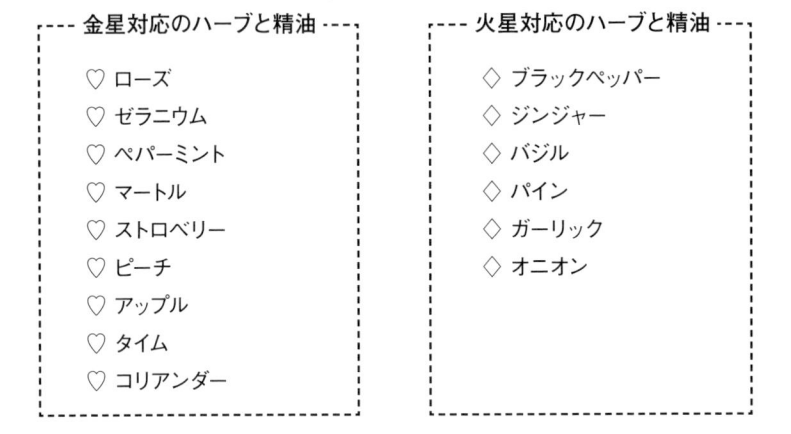

```
--- 金星対応のハーブと精油 ---
　♡ ローズ
　♡ ゼラニウム
　♡ ペパーミント
　♡ マートル
　♡ ストロベリー
　♡ ピーチ
　♡ アップル
　♡ タイム
　♡ コリアンダー
```

```
--- 火星対応のハーブと精油 ---
　◇ ブラックペッパー
　◇ ジンジャー
　◇ バジル
　◇ パイン
　◇ ガーリック
　◇ オニオン
```

　次項からは12サイン別の恋愛の傾向と、男女別の恋愛力UPをするためのサイン別のブレンドオイルを提案しています。

　あなたの、または気になる方の金星・火星がどのサインにあるか調べて参考にしてください。

12サイン別恋愛の傾向と対策

**自分の魅力を引き出す金星力と
行動力の源となる火星力のUPがポイント！**

　恋愛、恋をするということはとても素敵なこと。

　恋い焦がれても相手に振り返ってもらえないで悲しい思いをしたり、自分では思ってもみなかったタイプに心惹かれてしまったり、なかなか理想の人が現れなかったり、人生はいろいろな試練を私たちに与えてくれます。

　あれをしたい、これをしたいという自分の願望だけであれば、ストレートに進むこともできますが、恋愛は相手があってのこと。当たり前ですがこれがとても厄介で複雑なことかもしれません。

　ステキな出会いを願うときは、まずは自分の金星のパワーをアップしてみましょう。人間的な特に女性は魅力のアップということにつながります。そしてもう一つは火星のパワー、恋愛に対する行動力です。これは男女共にいえることなのです。

　一般的に女性は火星のあるサインを見ると男性のタイプが推測できるといわれていますし、逆に男性は金星のあるサインで女性のタイプが推測できるといわれています。

　またこれもアスペクトが関係していて、詳しく見ていくときはネイタル（出生図）の天体同士のアスペクトの状況、この場合は金星と火星の状況で強弱が推し量れます。個別のコンサルテーションではその強弱ももっと具体的に推測できますが、ここは一般論でお話ししていきましょう。

♈ 牡羊座の金星・火星

かなりアグレッシブな恋愛感覚を持っていることが推測できるでしょう。まっすぐな心が吉と出るか凶と出るか。

♉ 牡牛座の金星・火星

慎重に考え行動する傾向があるでしょう。考えぬいて、それっきりということも。ちょっと冒険心が必要なときもあるかもしれません。

♊ 双子座の金星・火星

情報収集に長けて、トレンディスポットでのデートがお好みかもしれません。うまくいかないと醒めるのも早いかもしれません。

♋ 蟹座の金星・火星

どうしても巣作りが最終目標に来るかもしれませんね。家庭という基盤を一番意識する星座かもしれません。

♌ 獅子座の金星・火星

ゴージャスなデートスポットや輝く太陽の下でのデートがお気に入りかもしれません。裏表のない堂々とした態度でアピールするでしょう。

♍ 乙女座の金星・火星

「尽くす」「癒す」がテーマとなるかもしれません。しかし過度な癒しは相手をダメにするということもあるのでご注意ください。

♎ 天秤座の金星・火星

デートスポットはアートがテーマになるところが良いかもしれません。美しいものが大好きでしょう。

♏ 蠍座の金星・火星

12星座中一番セクシー？路線でしょうか。アウトドアのデートより、隠れ家的な場所やお家で語り合うのが好きかもしれません。

♐ 射手座の金星・火星

哲学的・精神的な話題がベースにある恋愛かもしれません。外国文化にも興味を持ち、広い視野・分野でのグローバルな恋愛観を持っているかもしれません。

♑ 山羊座の金星・火星

何事も秩序を重んじてしまうかもしれません。たまにはちょっとはじけることも必要になるかもしれませんね。根本には伝統的な格式を重んじる傾向にあるでしょう。

♒ 水瓶座の金星・火星

「今より、もっと」をテーマに突き進み、ありきたりのデートは物足りないかも。友情から恋愛に発展するケースもあるかもしれません。

♓ 魚座の金星・火星

ロマンチックなことにかけては12サイン中一番で、根っからの恋愛体質かもしれませんね。火星のパワーも夢の領域へとの願望が強く出ることがあるでしょう。

以上はあくまで傾向として考えていくください。

　次頁からは、今おつき合いしている方にはより良い関係を、片思いの方には相手に気づいてもらえるように、出会いがまだの人には良い出会いが起きるようなハーブと精油をサインごとに分けてみましたので、参考にしてください。

　ただし、使うときは本命の人に対してここぞという時に限定して使ってください。やたらに使うと、本命で出ない人にも効果が出てしまうこともあるので、ご注意ください。「恋すること」と「愛すること」は違ってきます。「恋」が「愛」に変わったとき、それは相手を思いやるということの領域が広がることにつながっていくのです。

恋愛力UPのオススメブレンド 　♥女性編

♈ 牡羊座

牡羊座に金星を持つ女性の愛情表現はかなりアグレッシブでしょう。好きとなったら躊躇せずに告白できるのではないでしょうか？　好きになった相手も同じようにアグレッシブだったらOKですが、そうでないときにはソフトなアプローチを心がけてください。

牡羊座に火星を持つ女性は、アグレッシブな行動的な男性が好きな方が多いでしょう。そんな男性のハートを射止めるには爽やかなムードを作り出すと効果的でしょう。

オススメブレンド

マートル	3滴
マンダリン	3滴
ブラックペッパー	1滴

♉ 牡牛座

牡牛座に金星を持つ女性は良い香り、肌触りの良いもの、耳当たりの良い音楽など五感を満たしてくれるモノが大好きな人が多いでしょう。何よりも身の回りの環境を大事にしながら環境を構築していきますので、あまり変化することを好まないかもしれません。

牡牛座に火星を持つ女性は、品の良いおっとりとした男性に心を奪われることが多いかもしれません。そういった方のハートを射止めるのにオススメなのは香りの効果でしょう。

オススメブレンド

ゼラニウム	3滴
フランキンセンス	2滴
ジンジャー	1滴

Ⅱ 双子座

双子座に金星を持つ女性は、ファッションなどの情報にも敏感でいち早く取り入れたり、新しいことを学ぶことが好きな方が多いかもしれません。トレンドをキャッチするのが早いタイプの方が多いでしょう。

双子座に火星を持つ女性は、何よりも物知りで情報収集に長けている男性に魅了されることがあるのではないでしょうか。 出会いやデートは新しく最新スポットに出かけてみることもよいかもしれません

オススメブレンド

ゼラニウム	2滴
マージョラム	2滴
マンダリン	2滴

♋ 蟹　座

蟹座に金星を持つ女性の本質はとても家庭的な一面を持っているでしょう。外で大活躍していても、実は「家庭」や「仲間」という居心地の良さがテーマになるでしょう。

蟹座に火星を持つ女性は、根本的には家庭を大事にする男性に心を惹かれることが多い傾向になるのではないでしょうか。家族や仲間を大切にし、守るということが重要と考える傾向が、ファミリーの絆をより強くさせるでしょう。

オススメブレンド

マートル	4滴
クラリセージ	2滴

♌ 獅子座

オススメブレンド

ゼラニウム　　　3滴
フランキンセンス　3滴

　獅子座に金星を持つ女性は大勢のなかにいても目を引くような華やかさを持っている人が多いのではないでしょうか？
　また目立つことで運気を上げる傾向にあるともいえるでしょう。
　獅子座に火星を持つ女性は、堂々とした行動や発言をする男性に心を惹かれがちになるのではないでしょうか。表裏のない行動発言が良運を引き寄せるでしょう。

♍ 乙女座

オススメブレンド

ゼラニウム　3滴
フェンネル　3滴

　乙女座に金星を持つ女性はとても気持ちがやさしい女性が多いのではないでしょうか？　それを利用されないようにセーブすることも大切です。出し惜しみも、時には必要かもしれません。かけひきも恋愛には一つのスパイスとして重要です。
　乙女座に火星を持つ女性は、よく気がつく男性に心を奪われることがあるのではないでしょうか？　それはあなたに対してだけかどうか見極めることも重要です。

♎ 天秤座

天秤座に金星を持つ女性は、ビジュアルにこだわる方が多いかもしれません。美意識が高く自分磨きも忘れないでしょう。内も外もバランスよく磨いてください。バランスが取れたときに良縁がやってくるでしょう。

天秤座に火星を持つ女性は、おつき合い上で、つり合いということをテーマにする傾向があるかもしれません。外面・内面も美しいということもポイントになるかもしれません。

オススメブレンド

パルマローザ	2滴
ネロリ	2滴
ブラックペッパー	1滴

♏ 蠍座

蠍座に金星を持つ女性は、無意識にシックなムードで周囲に存在感をアピールされている方が多いのではないでしょうか。そのオーラは本命に向けてください。本命以外の人が勘違いするとちょっと厄介な香りがしそうです。

蠍座に火星を持つ女性は、この人と思ったら徹底的にアプローチをかける手段を本能的に持ってタイプの方が多いのではないでしょうか？ セクシーな男性に心を奪われてしまう傾向があるかも。

オススメブレンド

パルマローザ	3滴
サンダルウッド	1滴
ヴェチバー	1滴

♐ 射手座

射手座に金星を持つ女性は、インターナショナル、かつグローバルな感覚の恋愛感覚を持っている傾向があるかもしれません。理想はかなり高い傾向にあるのですが、努力は惜しまない方が多いでしょう。

射手座に火星を持つ女性は、哲学的な話やインテリジェンスにあふれる男性に心を奪われる傾向があるのではないでしょうか。そして自分も高みを目指していくことでしょう。

オススメブレンド

マートル　3滴
ジャスミン　3滴

♑ 山羊座

山羊座に金星を持つ女性は、伝統的な考えに共感するスタンスでお洒落や恋愛を楽しみ、確実な愛を求める傾向があるのではないでしょうか。相手にもそれなりのスタンスを望んでしまいがちになることもあるかもしれません。

山羊座に火星を持つ女性は、いわゆる常識的な考えを持った人や仕事ができると評価されている人に惹かれることが多いでしょう。自身の仕事の姿勢や恋愛の姿勢も真面目な一面が感じられることが多いかもしれません。

オススメブレンド

ローズ　2滴
サイプレス　2滴

♒ 水瓶座

水瓶座に金星を持つ女性は、個性的であることをある種のアイデンティティとして持つ傾向にあるでしょう。一人ひとりの個性を輝かせるために努力を惜しむことがないでしょう。

水瓶座に火星を持つ女性は、個性的な発想や行動を取る男性に心を奪われることが多いのではないでしょうか。その志を持つ男性をサポートするパワーも人一倍でしょう。

オススメブレンド

コリアンダー　3滴
マンダリン　　2滴
サンダルウッド 1滴

♓ 魚　座

魚座に金星を持つ女性は、12サイン中一番ロマンチックという言葉が似合うでしょう。恋も愛もロマンチックがベースになっていることが多い傾向にあるでしょう。恋に恋することも。

魚座に火星を持つ女性は、やはりロマンチックなことを考え、行動する男性に心を奪われてしまうことが多いでしょう。楽しい会話、雰囲気作りが上手かもしれません。恋愛モードを作り出すのは12サイン中一番でしょう。

オススメブレンド

ジャスミン　　　3滴
スィートオレンジ 2滴
パルマローザ　　1滴

恋愛力UPのオススメブレンド　♣男性編

♈ 牡羊座

牡羊座に金星を持つ男性は、爽やかなスポーティーな女性が好きなタイプの方が多いでしょう。スポーツシーンを彩るアグレッシブな場所には、ステキな出会いがあるかもしれません。デートもスポーツを通してぐっと親密になれるでしょう。

牡羊座に火星を持つ男性は、じっとしているのが苦手な行動力を持つ方が多いでしょう。ステキなことが閃いたら、すぐに行動に移していることが多いので、ちょっとクールダウンを意識して！

オススメブレンド
- ペパーミント　2滴
- フランキンセンス　3滴
- ジンジャー　1滴

♉ 牡牛座

牡牛座の金星を持つ男性は、感性に優れた穏やかな物腰の一緒にいて心地の良い女性に心を奪われることが多いのではないでしょうか？

牡牛座に火星を持つ男性は経済観念がきちんとした方が多いでしょう。金銭感覚が良いので、無駄なことには投資しませんし浪費癖も少ないのではないでしょうか。どちらの要素も過度に出てしまうと身動きが取れなくなることもあるので、時にはゆるゆるした所も作りましょう。

オススメブレンド
- ゼラニウム　3滴
- マンダリン　2滴
- ブラックペッパー　1滴

Ⅱ 双子座

双子座に金星を持つ男性は、仕事もテキパキこなし会話も楽しい女性に心を奪われることが多いのではないでしょうか。最新情報にも長けていて、トレンドを抑えるのが上手なタイプなのかもしれません。

双子座に火星を持つ男性は、情報を上手にしかも早く取り入れることが得意なタイプが多いでしょう。知っていないと気が済まない、それを伝えることも大好きな方が多いでしょう。

オススメブレンド

ペパーミント　3滴
ジャスミン　　2滴
ヴェチバー　　1滴

♋ 蟹　座

蟹座に金星を持つ男性は、家庭的なことが好きな女性に心をときめかせることが多い傾向があるでしょう。「母親愛」的要素を重要視する傾向があるかもしれません。

蟹座に火星を持つ男性は、家族や仲間思いの方が多い傾向にあるかもしれません。社会的スタンスもまず家庭というスパンで考え、行動に移すということが普通にできるかもしれません。たまには異文化を意識することも大切なときがあるかもしれません。

オススメブレンド

ゼラニウム　　3滴
クラリセージ　2滴
パチュリー　　1滴

♌ 獅子座

獅子座に金星を持つ男性は、華やかで堂々としたタイプの女性が好きな傾向にあるでしょう。表裏のない恋愛を楽しみたいという願望も。秘密の恋より、みんながあこがれるような恋愛ムードを作るのが上手かもしれません。

獅子座に火星を持つ男性は、自分が思ったことを堂々と表明し、行動に表れるでしょう。リーダーとして動くことは好きですが、指図されるのはあまり好きではないでしょう。

オススメブレンド

パルマローザ	2滴
フランキンセンス	3滴
サンダルウッド	1滴

♍ 乙女座

乙女座に金星を持つ男性は、優しく面倒見の良い女性に心を惹かれるのではないでしょうか。ちょっと甘えん坊なタイプかもしれません。

乙女座に火星を持つ男性は、無意識にやさしい気持ちで他者と接することができる人が多いでしょう。持前の優しさで人望も厚く、困った人がいたらいち早く駆けつけるなどフットワークも良いでしょう。しかし八方美人なスタンスは本命にはなかなか気持ちが届きにくいという弱点も。

オススメブレンド

マートル	2滴
ラヴェンダー	3滴
サンダルウッド	1滴

♎ 天秤座

オススメブレンド

ローズ	2滴
ネロリ	2滴
ブラックペッパー	1滴

　天秤座に金星を持つ男性は、正義感が強く綺麗できりっとしたお洒落をする女性に心を奪われがちになるのではないでしょうか。

　天秤座に火星を持つ男性は、何事にも調和を求める気持ちが強い方が多く、曲がったことが嫌いで正義感を武器に行動する傾向にあるでしょう。時と場所を考えて行動に移せば物事はスムーズに進むでしょう。

♏ 蠍　座

オススメブレンド

ゼラニウム	3滴
バジル	1滴
サンダルウッド	2滴

　蠍座に金星を持つ男性は、ミステリアスでセクシーな女性に魅了されがちになるのではないでしょうか。時には危ない香りにもときめくかもしれません。

　蠍座に火星を持つ男性は、こうと決めたら突き進む強い意志を持った行動力を持っているでしょう。あまり思い詰めないで、たまには心身共にリラックスも必要ですし、ゆったりとしたスタンスを意識すれば、また違った角度で物事を推し量れるでしょう。

♐ 射手座

射手座に金星を持つ男性は、好奇心旺盛ないつまでも気持ちの若々しい行動力のある女性に一目置き、魅了されることが多いのではないでしょうか。エキゾチックな人にも心を奪われるかも。

射手座に火星を持つ男性は、インターナショナルなスピリットが満載で、興味を持った事柄には、どんなに困難であっても取り組もうとするでしょう。しかし無理だとわかったときには手放す、方向転換するのにも長けているでしょう。

オススメブレンド

ゼラニウム	3滴
ジャスミン	2滴
シナモン	1滴

♑ 山羊座

山羊座に金星を持つ男性は、伝統的ななかに美を求めるタイプが多い傾向にあるので、古風ななかにしっかりした軸を持つ女性に心を許すことが多いのではないでしょうか。

山羊座に火星を持つ男性は、秩序を守ることが自然にできる人が多いので、その行動はとても紳士的な人が多いのではないでしょうか。たまにはハメを外してみるのもよいかもしれません。

オススメブレンド

サイプレス	2滴
パルマローザ	3滴
パチュリー	1滴

♒ 水瓶座

オススメブレンド

クミン	1滴
パルマローザ	2滴
マンダリン	3滴

水瓶座に金星を持つ男性は、一般論では語りきれない個性的で不思議な魅力を持つ女性に心を奪われることが多いのではないでしょうか。

水瓶座に火星を持つ男性は、仕事にも恋にもありきたりなものには目もくれず、新しく有意義なものに向かって突き進むエネルギーが満載な方が多いでしょう。時代を先取りするキーマンかもしれません。

♓ 魚座

オススメブレンド

ジャスミン	3滴
ゼラニウム	2滴
ブラックペッパー	1滴

魚座に金星を持つ男性は、ロマンチックな雰囲気を持つビジュアルも気持ちも可愛い女性に心ときめくことが多いのではないでしょうか。デートも女心を上手につかんだ演出もさりげなくできるタイプです。

魚座に火星を持つ男性は、夢を追い求める気持ちが強く、気持ちのやさしい人が多いのではないでしょうか。ちょっと現実逃避気味になることもありがちなので、注意しましょう。夢は見るだけでなく実現しましょう。

Column.4

ブレンドオイルを作ったときの注意事項

　本文をご覧になって、実際はこんなに精油を揃えるのは大変と思われた方は、現在多くの自然化粧品メーカーが品質の良い精油でブレンドしたコスメティックを販売しているので、それを使うこともよいでしょう。
　でもやはり、自分で作りたいという方は是非お試しください。
　購入の際は、本文中のアドバイスを参考にしてください。
　そして、もう一つ注意していただくことは、ご自分でブレンドしたものを販売することはできません。販売するには厚生労働省にきちんとした申請をする必要が出てきます。現在市販されている精油がブレンドされているコスメティックは、その手続きがされていますし、製造の過程で滅菌室などの準備が必要となってきます。
　販売するには、手続きや環境整備が必要となるということを忘れないでください。
　でも、自分でブレンドしたオイルをプレゼントすることはできますので、ご安心ください。もし、ご友人などで作って欲しいというときに、その間に金銭が発生した場合は、その方自身でブレンドしていただくとよいでしょう。
　また、講座などで受講者自身がブレンドする場合は大丈夫です。材料を提供させていただくという形になります。
　現在の日本には、このような薬事法が存在しますので、精油と接するときはちょっとこのことを思い出してください。
　たくさんの精油を揃えなくても、ある程度の精油のブレンドを楽しむことができます。それは精油同士の合わせ方と、合わせた精油の希釈率のバランスで、いろいろなパターンを楽しむことができるからです。精油のブレンドの比率で効能も若干違ってきますし、香りも違ってきます。自分の気持ちに、その方の気持ちにヒットした香りは、そのときにその人にとって必要とされている香りであり精油であるといわれています。
　あなたにとって、お気に入りの香りは何でしょう？

Column.5

ガレノスとカルペパー

　近年、欧米ではメディカルアストロロジーが見直され、数々の本も出版されています。本書では主に17世紀のハーバリスト、ニコラス・カルペパーの『コンプリートハーバル』を参考にさせていただきました。

　カルペパーの経歴を見ると、母親に民間療法とはいえ薬学の知識があり、そういった母親の下で育てられたカルペパーはその後、ケンブリッジ大学で薬学を学び、薬剤師になったという経緯があります。そのなかで、ロンドン薬剤師組合に疎まれながらも発刊した『コンプリートハーバル』。この本こそ、今のイギリスの伝統療法の基礎の一部になっているといっても過言ではないでしょう。また、彼は同じ時代に生きた占星術師であるウィリアム・リリーとも親交があったそうです。リリーは『クリスチャン・アストロロジー』という多くの過去の文献を研究し、占星術の在り方を本として残してくれた人です。この同じ時代の医師であるノストラダムスも星の運行を応用して治療に当たっていました。この当時の医療従事者にとって天体の動きを知るということ、その星の運行で何かを読み取るということは必須だったという時代です。

　また、カルペパーは当時全盛であったガレノスの医療理論も習得していました。ガレノスはギリシャ時代に、逆に星のメッセージ（当時は神の啓示によって病名や治療法を判断していたこともあったそうです）を応用するのではなく、患者に触診し、解剖し、記録し、多くの治療法を開発・推奨した医師です。マッサージの効用や、けん引療法の有効性、食事療法の有効性を推奨し、それは今でも私たちの生活に提案されているものも少なくありません。カ

ルペパーの時代の医学の教科書はガレノス流であったともいえるのです。

　ただ、その後イギリスでは大航海時代に入り、多くのプラントハンターたちが海外に出かけ植物を採取し持ち帰り、多くの植物分布を変えたのも事実でしょう。

　その後ニュートンの時代に入り、驚異的に科学・化学・医学の発達し、多くのことが白日の下に解明され今日に至っています。

　体調が悪ければ、血液検査でおおよその状態がわかるような今日。それはある種、数字によって解明されます。血圧値が高いときは血圧降下作用のある薬品摂取で改善することもできる現状です。確かに体調に現れて危険なときは有効かもしれません。しかしその数値はあくまでも数字であり目安なので、体感がないときに摂取してもよいものなのでしょうか。また、心が風邪を引いてしまったとき、それは数値では表すことはできません。でも何かが変だと感じ体調にも出てきているとき、それはどうしたらよいのでしょう。

　そんなときにこそ、星たちのメッセージが活用できると思います。より良い方法、最適なハーブや香りをナビゲートしてくれるでしょう。数字で測れるものと、測れないものが存在します。便利さと引き換えに、感じるということが希薄になってしまった今の私たちを守るために、本書を活用していただけると嬉しいです。

参考文献

"Christian Astrology" by William Lilly (Astrology Classics)
"Complete Herbal" by Nicholas Culpeper (OMEGA)
"The Consultation Chart" by Wanda Sellar (The Wessex Astrologer Ltd)
"Introduction of Medical Astrology" by Wanda Sellar (The Wessex Astrologer Ltd)
"Encyclopedia of Medical Astrology" by H.L Cornell.M.D (Astrology Classics)
"Classical Medical Astrology" by Oscar Hofman (The Wessex Astrologer Ltd)
"The Astrological Judgement and Practice of Physick" by Richard Saunders (Astrology Classics)
"A Handbook of Medical Astrology" by Jane Ridder - Patrick (CrabApple Press)
"Culpeper's Medicine" by Graeme Tobyn (Element)
"The Fragrant Pharmacy" by Valerie Ann Worwood (City Limits)
"The Alchemist's Kitchen" by Guy Ogiluy (Wooden Books)
"Herbal Healers" by Glennie Kindred (Wooden Books)
『占星術』ポール・クーデール著(白水社)
『占星術または天の聖なる学』マルクス・マニリウス著(白水社)
『古代占星術』タムシン・バートン著(法政大学出版局)
『占星綺想』鏡リュウジ著(青土社)
『新錬金術　入門』大槻真一郎著(ガイアブックス)
『奇跡の医の糧』パラケルスス著(工作舎)
『サイエンスの目で見るハーブウォーターの世界』井上重治著(フレグランスジャーナル社)
『ハーブ学名語源事典』大槻真一郎、尾崎由紀子共著(東京堂出版)
『本草家カルペパー』ベンジャミン・ウーリー著(白水社)
『スピリットとアロマセラピー』ガブリエル・モージェイ著(フレグランスジャーナル社)
『内なる惑星』トーマス・ムーア著(青土社)
『ホラリー占星術』いけだ笑み著(説話社)
『愛の小惑星占星術』芳垣宗久著(説話社)
『星のワークブック』鏡リュウジ著(講談社)
『メディカルハーブ』ベネラピ・オディ著(日本ヴォーグ社)
『修道院の薬草箱』ヨハネス・G・マイヤー著(フレグランスジャーナル社)

"Aromatherapy Times" IFA会報誌 (Wanda Sellar)

Work sheet

天体からのメッセージを応用して
精油のブレンディングオイルを作る

＊ネイタル（出生図）チャートを立ち上げる。

立ち上げるのに必要なデータは①誕生年月日、②誕生時間、③場所が必須になります。誕生時間がわからない場合は、昼の12：00で出してみましょう。
アセンダントとハウスは断定できなくなりますが、ほぼ天体のサインの位置が判明します。（注：月は若干、運行が速いのでサインの度数が違ってきます）
上記の情報をソフトに入れ、チャートを起こします。または無料のサイトがありますので、そちらを利用していただいてもよいでしょう。
チャートが立ち上がったら、（　　　）内にサインと支配星を記入してください。

私の（またはあなたの）太陽は（　　　　　座）です。

支配星は（　　　　　）です。

支配星に対応する精油を選びます。
そのときにその太陽星座の性質をもっと輝かせたいとき、不足しているときはその精油を、過度に出過ぎているときは、対向のサインの支配星の精油を選ぶとよいでしょう。
最初にメインの精油を決め、その精油の香りが引き立つような精油をブレンドしていくとよいでしょう。
トップノート、ミドルノート、ベースノートのハーモニーを作るとバランスがとりやすくなります。
選ぶときには禁忌事項も注意してください。

T：トップノート（　　　　　滴）
M：ミドルノート（　　　　　滴）
B：ベースノート（　　　　　滴）

【例】
T（マンダリン　3滴）
M（ラヴェンダー2滴）
B（ジンジャー　1滴）
キャリアオイル
（ホホバオイル）20ml 6〜8滴
希釈率　1.5〜2％

おわりに

いかがでしたでしょうか、ハーバルアストロロジーの世界？！

いつでも、どこでも植物たちは私たちをサポートしてくれているのを感じていただけましたでしょうか。こうしてる今も、天体からも運行を通して私たちにそっとメッセージを送ってくれているのです。「わたし」が私でいるために、「あなた」があなたでいるために宇宙と大地にいろいろなキーワードが隠されているのです。

私自身は長い間、占星術というものにあまり興味を抱かずにいた期間がかなり長くありました。太陽サインが蠍座の私としては蠍座のみんながラッキーカラーのローズワインの色で幸せになれるはずはないとか、今日は出かけない方が良いといわれてもどうしても行かなくてはならないときはどうするのかとか、どうしてもそのロジックが伝わってこなかったし、理解することができなかったのです。しかし所属するアロマセラピー団体のIFA（International Federation of Aromatherapy）の記念カンファレンスの後で、尊敬するワンダ・セラー先生の講座に参加することができ、天体と植物、12サインと身体部位が対応していると知ったときの驚きと共に、新たな好奇心が湧いてくるのを禁じ得ませんでした。

その後、いろいろな本を読み続けるうちに今まで解読できなかった多くの謎が徐々に溶けていくのを感じ、「占星術」はただの「占い」ではない。人が人らしく生きるための知恵をわかりやすく示したロジックがたくさん詰め込まれている！　と知ったとき、思いもよらない人生が始まっていきました。

この本を出させていただく2010年に、占星術と劇的な出合いをしたIFAのカンファレンス絡みで、イギリスでは「メディカル・アストロロジー」の第一人者として活躍しているワンダ先生が、日本にレクチャーのために来日します。

私は現在、プロフェッショナルのアロマセラピストとして活動していますが、そのなかでアロマセラピーと占星術の出合いを、講座という形にしてくださった占術学校カイロンの天晶礼乃校長、またこの講座の内容を本という形にしてくださった説話社の高木利幸氏をはじめ出版社の皆様、多くの貴重な話を聞かせてくれたアロマセラピストであり友人の早川葉光さん、原稿のチェックを手伝ってくださったアロマセラピストの長田和子さん、多くのアストロロジャーの先生方、多くの薬

学の知識を教えてくださった薬学博士の井上重治先生、そして参考になるならと個人的なデータの開示を快諾してくださったクライアントの皆さまと友人たちに多くの感謝を申し上げなくてはなりません。
　いろいろな偶然が思いもよらぬ方向へ導いてくれました。しかし、このこともホロスコープでは暗示されていたようにも思います。現在運行している天体も自身のネイタルにかなりハードに関係しています。そのメッセージをどう受けとり、活用するかは結局、自分次第なのかもしれないということを実感しています。
　また、本文中の実践例のアドバイスは太陽：蠍座、月：射手座、水星：射手座、金星：山羊座、火星：山羊座の私がしたものですので、かなり特色が強いところもあるかと思いますが、そのあたりはご了承ください。
　そして本書はあくまでも入門書として書かせていただきました。現在、実際のサロンワークの現場では、予約いただいた時間の「時を読む」といった、ホラリーの手法に沿ったデカンビチュアチャートも先人に倣って応用しています。その手法はその時々でよりいっそう貴重なメッセージを受け取れるものでもありますので、機会があればその方法もお伝えできればと思っています。
　私たちの明日は無限です。
　その未知なる明日を運命に左右されることなく、自分の気持ちに向き合って答えを出しつつ歩んでください。楽しいことばかりでなく苦しいときも多々あることでしょう。でもきっとどのようなときでも、あなたを見守ってくれる宇宙のエネルギーが存在しています。そしてサポートしてくれるのは人であり、動物であり、植物でもあるかもしれないのです。そしてそれは自分自身のなかにある受容器によって、多くの気づきを生んでいくでしょう。より良い明日のために変容を重ね、生み出されていくのです。
　本書をお手に取り、読んでいただけたことに多くの感謝を込めて、天体のメッセージをキャッチし、植物のサポートを受けつつ、より良い明日を迎えるために、皆様の夢を叶えるために本書が一つの導き手となれたら幸せです。

著者紹介

岸 延江（きし・のぶえ）

太陽星座・蠍座、月星座・射手座、アセンダント・射手座。
IFA 認定アロマセラピスト。英国占星術会会員アロマセラピスト必読の書『アロマテラピーのための 84 の精油』（フレグランスジャーナル社）の著者ワンダ・セラー氏のワークショップに参加（2005 年）し、そのときのテーマである占星術とアロマセラピーに興味を持つ。その後、研鑽を積みながら都内でトリートメントルームとハーブショップを運営。日々星のメッセージの有意義さに驚かされている。ニールズヤードレメディーズ　スクールにてハーバルアストロロジー講座を担当。
ハーブショップ&サロン「ナチュラリス」
http://www.naturalis.jp/

星が導き出すハーバルアストロロジー

発行日　2010 年 3 月 25 日　初版発行
　　　　2023 年 3 月 1 日　第 3 刷発行
著　者　岸 延江
発行者　酒井文人
発行所　株式会社 説話社
　　　　〒169-8077　東京都新宿区西早稲田 1-1-6
　　　　電話／03-3204-8288（販売）　03-3204-5185（編集）
　　　　振替口座／00160-8-69378
　　　　URL／https://www.setsuwa.co.jp/

デザイン　市川さとみ
イラスト　市川さとみ
編集担当　高木利幸
印刷・製本　中央精版印刷株式会社
©Nobue Kishi 2010 Printed in Japan
ISBN 978-4-916217-80-6 C 2011

落丁本・乱丁本は、お取り替えいたします。
購入者以外の第三者による本書のいかなる電子複製も一切認められていません。